Master of Business Administration
MBAのための
ビジネス エコノミクス

小樽商科大学ビジネススクール [編]

Business Planning

同文舘出版

はじめに

　2008年秋に世界経済を襲ったリーマン危機の衝撃を思い起こすまでもなく、企業経営は市場環境の変化に大きく揺さぶられるものである。もしもあなたが自社の経営計画を策定したり、決定する立場にあれば、マーケットの法則を知りたいと思うだろうし、その法則を活用して、自社の利益を拡大したいと考えるはずだ。

　エコノミクスは、ビジネスの現場にいる人たちにとって非常に有効な理論ツールであると考えられる。毎年多額の資金を投じて海外から原料を輸入したり、製品を輸出したりする場合、為替レートの設定や素原材料の価格の動きを見通すことが大事になる。投資計画を社内取締役会で説明し、その承認を得るためには、異論や質問に耐えるだけの理論、ロジック、検証が欠かせない。さらに、事業の成功に何より重要なことは、理屈や理論の前に情熱と企業家精神であることも、ビジネスエコノミクスが伝えるべき大事なメッセージであるはずだ。

　本書が想定している読者は、必ずしも経済学部出身者ではなく、むしろ経済環境が変化するなかで、事業経営の新たな選択肢を構想・立案するため必要にして十分なエコノミクスを勉強しておきたいビジネスパーソン、あるいは就職活動の前に新聞の経済記事についてきちんと議論できるだけの知識を身につけたいと思う学生たちである。

　本書は、第1部「顧客・利益・戦略の基礎」と、第2部準備編「産業連関分析に欠かせない行列計算のプレゼミ」および第2部「産業構造とイノベーション」から構成されている。

　全体を通して、各章のはじめには『日本経済新聞』などから引用された記事が「ケース」として掲載されている。その後、本文では「ケース」を理解するため必要な「理論ツール」が、「疑問」と名付けている例題とともに順に登場している。さらに、理論ツールが誕生した背景を紹介し、その理解を深めるストーリーをコラムにしている。章末には練習問題を配置している。

第1部では、「討論の課題」として章のはじめにある「ケース」とは別の記事をとりあげている。たとえばグループ・ディスカッションで「討論の課題」を使用する際には議論するべき「論点」もあげてある。

　読者は、まず最初に「ケース」をじっくりと読んで、「ケース」の内容とそこに浮き彫りにされた問題を理解してほしい。次に、読者は順に登場する「疑問」と疑問に回答するために理論ツールをじっくりと勉強していただきたい。すべての理論ツールは何かの疑問に回答するために活用するものである。ケースが呈示する問題がどのような疑問から構成され、それらの疑問には理論ツールを用いてどのように回答されるのか。そのロジックをステップ・バイ・ステップで辿ってほしいと願っている。

　2人の筆者のバックグラウンドを述べておくと本書の狙いが一層的確に伝わるかもしれない。2人は、現在、同じ小樽商科大学ビジネススクール（専門職大学院）の専任教員として「ビジネスエコノミクス」を共同担当している。2人が大学教員となる以前、西山は経済企画庁（現内閣府）に所属する官庁エコノミストとして、経済分析や経済統計の作成などに携わった。また、瀬戸は北海道電力株式会社に所属する企業エコノミストとして、電力需要と地域経済の関わりを業務として観察分析してきた。それゆえ、ビジネスの現場で活動する人たちがエコノミクスに寄せるニーズにどう応えるか、それを考える仕事は、筆者2人が自ら体験してきたことを思い起こす過程でもあった。2人の分担範囲は、第1部および第2部準備編が西山、第2部が瀬戸となっているが、度重なる意見交換を通して完成した文字どおりの合作である。

　本書は、ビジネススクールの学生を対象に準備された講義録を本の形にし、同文舘出版の青柳裕之氏、大関温子氏ほか、多くの方々のご協力の下にようやく上辞できたものである。改めて謝意を表したい。

　読者の健闘とビジネスパーソンとしてのさらなる資質向上を筆者は心から願っている。

平成24年早春

著者を代表して　瀬戸　篤

MBAのためのビジネスエコノミクス●目次

はじめに

第1部　顧客・利益・戦略の基礎

第1章　マクロ経済の骨格 —— 3

第1章の読み進め方　4
ケース　5
1　国内総生産（GDP）とは何か ……………………………………… 6
2　マクロの需要供給バランス ………………………………………… 9
3　GDPの増加と減少 ………………………………………………… 14
4　名目GDPと実質GDP ……………………………………………… 18
5　季節調整について …………………………………………………… 21
6　年率・平均成長率・寄与度・成長率のゲタ ……………………… 22
7　ISバランスと資金の流れ …………………………………………… 26
8　デフレーションはお金が足りないため？ ………………………… 28
討論の課題　38

第2章　顧客の評価と需要 —— 41

第2章の読み進め方　42

ケース　43

1　顧客評価と需要曲線 …………………………………… 44
2　所得や販売価格の効果を測る ………………………… 49
3　その他の需要決定要因 ………………………………… 52
4　消費者行動の原理 ……………………………………… 54

討論の課題　60

第3章　企業の収益 —— 63

第3章の読み進め方　64

ケース　65

1　いろいろな費用概念と利益 …………………………… 66
2　最適な生産計画 ………………………………………… 69
3　製品差別化と最適価格の選択 ………………………… 74
4　市場細分化と利益拡大 ………………………………… 76
5　模倣とニッチ …………………………………………… 84

コラム▶ビジネスエコノミクスと産業組織論　89

討論の課題　93

第4章　企業経営のゲーム論 —— 95

第4章の読み進め方　96

ケース　97

1　ゲームの解 ……………………………………………………… 98
2　コミットメント ………………………………………………… 106
3　繰り返しゲーム ………………………………………………… 110

コラム▶ゲーム論と戦略分析の発展　113

討論の課題　116

第5章　競争優位の戦略 —— 119

第5章の読み進め方　120

ケース　121

1　価格の競争関係 ………………………………………………… 122
2　数量と規模の競争関係 ………………………………………… 131
3　参入と撤退 ……………………………………………………… 135
4　競争戦略の分類 ………………………………………………… 139

討論の課題　146

| 第2部 準備編 | 産業連関分析に欠かせない
行列計算のプレゼミ —— 149 |

| 第2部 | 産業構造とイノベーション |

| 第6章 | 産業構造を学ぶ —— 171 |

第6章の読み進め方　172
ケース　173
1　産業構造 …………………………………………………………… 174
2　産業連関表（IO）の基本構造 ………………………………… 177
コラム▶「産業連関表」の起源：フランソワ・ケネー　182
　　　　▶「産業連関分析」の開発者：W・レオンティエフ　182
　　　　▶わが国における産業連関表の実用化　183
3　2部門産業連関表のケース分析 …………………………………… 185
4　次の課題 …………………………………………………………… 190
コラム▶レオンティエフ逆行列　191

第7章 産業構造を解析する —— 193

第7章の読み進め方　194

ケース　195

1. 産業構造の解析手法（IO分析） ……………………………… 196
2. 農業自由化シミュレーション ………………………………… 197
3. 自動車輸出減少シミュレーション …………………………… 205
4. 次の課題 …………………………………………………………… 212

章末補論　214

第8章 イノベーションを考える —— 221

第8章の読み進め方　222

ケース　223

1. イノベーションとは？ …………………………………………… 224

   コラム▶日本が今求められている政策　230

2. イノベーションの担い手 ………………………………………… 230

   ◇ベンチャーから世界的企業へ―ホンダのケース―　233

   ◇歴史上最大の大学発ベンチャー

   　　　　　　―アダム・スミスとJ.ワットのケース―　237

3. 大学がイノベーションに果たすべき役割 …………………… 239

さらに学習を進めたい人のために　243

第1部

顧客・利益・戦略の基礎

第 1 章

マクロ経済の骨格

　第1章で取り上げるテーマはマクロ経済の見方である。「経済をマクロで考える」というのは、商品全体の需要と供給のバランスについて考えることである。需要全体が不足すれば景気が後退し、需要が供給を上回れば客は増え景気が拡大する。過剰設備が解消され生産能力に不足が生じれば設備投資が刺激されて持続的な経済成長につながっていく。

　マクロ経済的な考え方は、景気が将来にかけてどう変化していくかを予測する際にとくに必要となる。1章で取り上げるケースは2008年9月に発生したリーマンショック直後に公表された経済見通しである。まずはここから景気の先行きを読むための着眼点をつかんでほしい。

第1章の読み進め方

【1】国内総生産（GDP）とは何か？

第1節の要点は「**付加価値で考える**」ということだ。GDPは付加価値の合計である。

【2】マクロの需要供給バランス

経済学全体に共通した見方は「需要と供給のバランスを考える」ということだ。第2節では、生産物全体の需要と供給のバランスがとれるための条件として**貯蓄＝投資原理**に焦点をあてる。

【3】GDPの増加と減少

第3節では、GDPの大きさが決まるメカニズムについて学ぶ。需給バランスのとれた**均衡国民所得**になっていなければ、生産量は必ず増えたり減ったりすることを確かめてほしい。経済学の初学者は必ず第3節までは精読すること。

【4】名目GDPと実質GDP、季節調整について

第4節と第5節では、実際に公表されているGDP統計を利用して経済状況を把握するときに知っておいたほうがよい技術的な点を解説する。最初の段階では第4節と第5節はスキップしてもよい。

【5】ISバランスと資金の流れ

第6節の要点は、**ISバランス**（＝貯蓄マイナス投資）が**国際収支**に等しくなるという点である。グローバル経済の中で日本を考えたいという人は第6節までは勉強しておくことが望ましい。

【6】デフレーションはお金が足りないため？

第7節は、大学の経済学部で「マクロ経済学」と呼ばれている科目の到達目標になっているテーマを取り上げる。いわゆる**IS・LM分析**とマンデル・フレミングモデルとはどういう図式なのかを簡潔に紹介している。最初の段階では、第7節はスキップして第2章に進んでも、後の勉強に不都合はない。

ケース

日本経済研究センターは、7～9月期のGDP速報や内外の金融経済情勢などを踏まえ、経済見通しを改訂した。

実質GDP成長率については、2008年度0・4%減、09年度0・8%減となり、2年連続のマイナス成長となる。10年度は1・2%増とプラス成長する。

不幸なことに、ちょうどこの時期は09年度の事業計画や春闘妥結の時期に当たる。このため、交易条件の改善や経済対策の効果はかき消されてしまう。この結果、09年中は景気の後退が続く。景気の反転は、海外経済の回復を待つことになろ

う。

今の局面で世界経済を見直すのは、著しい不確実性を伴う。09年末ごろには金融機能も正常化に向かい、というインフレの二次的効果も、景気後退から杞憂（きゆう）に終わり、景気次第ではデフレが懸念される。

こうした海外景気の持ち直しにやや遅れ、わが国の景気は10年入り後と想定した。その後も、年度内にも再利下げがある修正。

(出所) 竹内淳一郎「日本経済短期予測」『日本経済新聞』2008年11月26日朝刊、「経済教室」から本文を抜粋のうえ作成。数字はアラビア数字に修正。

・・・・後略・・・・

出が抑制される。企業は早めの減産を進めてきたが、予想以上の需要減退から減産強化に追い込まれ、その結果、企業収益や雇用情勢は厳しさを増す。経済は09年度初めにかけ、最も厳しい局面を迎え、大型倒産などイベントリスクには警戒を要する。

住宅市況に底打ちの兆しがみられ始めると考えられ、危機の震源でもある米国住宅市況に底打ちの兆しがみられ始めると考えた。

こうした経済・物価情勢の下で、金融政策は年度内にも再利下げがある。その後も、極めて緩和的な政策が維持され、利上げ開始は10年末ごろと見込んでいる。為替はしばらく現状の円高が続き、世界景気の回復が視野に入ることで、内外金利差の拡大か

ら円安に転じる。株価は昇率は低下に向かい、09年半ばにはマイナスとなるには持ち直すが、反発力は弱い。

景気展開を大づかみにすると、10～12月期以降、需要全般の後退が予想される。まず、輸出の減少は避けられない。内需も先行きへの強い不透明感から、家計・企業とも支

台後半とされる潜在成長率を下回る。

賃金の上昇を引き起こすというインフレの二次的効果も、景気後退から杞憂（きゆう）に終わり、景気次第ではデフレが懸念される。

世界経済やわが国経済の過剰消費や欧米での住宅バブルの崩壊、信用収縮の後遺症は根深く、V字回復は見込めない。

次に、物価動向を消費者物価指数（生鮮食品を除く総合、全国）でみると、原油価格などの下落

第1部　顧客・利益・戦略の基礎

❶ 国内総生産（GDP）とは何か

　一口に「景気」といっても生産されている財貨、サービスには無数の種類がある。「生産物合計」として穀物の重量と自動車の台数をそのまま合計しても無意味なことである。生産物全体の量を測る物差しが国内総生産（GDP）なのだが、まず最初にGDPの概念から理解を固めておこう。

> **疑問1**　国内総生産（GDP）とは何のことだろうか？

理論ツール1：付加価値

　商品は、購入者にとって何らかの価値を提供するものでなければ販売はできず、生産されることもない。それでは商品の価値とはどのように測ればよいのだろうか？

　図表1-1にはトヨタ自動車が生産する乗用車クラウンを例にとって、**付加価値**の概念を図に描いている。

図表1-1　付加価値の生産

鉄	ガラス	ゴム	その他	人件費（給料）	営業余剰

- 新日鉄の収入
- 日本板硝子の収入
- ブリヂストンの収入
- 自動車への組み立て料
- トヨタの所得　付加価値

➡ 付加価値＝仕事の価値

6

トヨタは「乗用車」という商品を生産しているが、図表1-1からも明らかなように、乗用車は鋼材やガラス製品、タイヤ、プラスチック等々の素材を加工し組み立てたものである。トヨタは素原材料、部品、パーツを他企業から購入し、それらを「乗用車」という別の商品に加工することで、より高い価格を設定し販売しているわけである。

たとえば他企業に支払ったコストが150万円であり、クラウンの価格が300万円であるとすれば、差額の150万円はトヨタ社内で投入された様々な経営資源によって形成された価値である。これを1台のクラウンに含まれている**付加価値**という。

企業が生産する付加価値とは売上収入のうち最終的にその企業内部に留まる部分である。留まった価値は、生産のプロセスでその事業に参加した**生産要素**の提供者に配分される。具体的には社内の従業員に対する給与・手当等、経営に携わった役員への給与、賃貸された土地、建物などに対する賃貸料などであり、さらにマネーという経営資源に対しては配当、利子という形で分配することになる。

> **重要！** 販売額－原材料コスト＝付加価値＝人件費＋営業余剰

このように付加価値とは、その企業が全体として生み出した成果を市場で評価した金額のことであり、具体的にはそこで生産活動に参加した人々全体が獲得した所得の合計を指すことがわかる。

今説明した付加価値はトヨタだけではなく新日鉄や日本板硝子、ブリヂストンをとっても同じことである。整理をすると、たとえば図表1-1のようになる[1]。

---

1) 表では、どの企業も販売額に占める付加価値の割合、つまり**付加価値率**を50％としているが、実際には付加価値率が高い産業と低い産業がある。

図表1-2　個別企業の付加価値

	販売額（＝生産額）	原材料コスト	付加価値
トヨタ自動車	300	150	150
新日鉄	50	25	25
日本板硝子	50	25	25
ブリヂストン	50	25	25
合計	450	225	225（→GDP）

　図表1-2では4社による付加価値合計額が225万円だが、これは日本国内で活動している全企業のうち僅かにすぎない。そこで日本国内に存在する全企業・全商品について付加価値を合計すると、その金額は国内で生産された付加価値の合計になる。これを**国内総生産**（GDP）と呼ぶ。

　そうして、付加価値は人件費としてまず従業員に分配され、残余は企業内に一時留保された後、金利や配当、内部留保等の形で債権者、株主に分配される。つまり、GDPは国内で分配された所得の合計金額に一致する。所得の合計を**国民所得**というが、その国民所得は同じ期間の内に消費のために支出するか、支出しないかのいずれかに区分される[2]。所得のうち消費に使わない部分を**貯蓄**という。この関係を式で表すと、以下のようになる。

重要！　　国内総生産（GDP）＝国民所得＝消費＋貯蓄

　さて、ここまで付加価値について説明してきたが、それは国内の生産活動を全体として測りたいがためである。商品全体の生産と需要を考えるときに注意しなければならないことは、個別の商品はすべて単位が異なることである。乗用車であれば1台、2台と数量を測ることになるが、農産物や水産物は重量（トン）で測ることが多いし、サービスに至っては数量概念で捉えること自体が困難である。また同じ台数とはいえ軽自動車と大型乗用車を同じ1台と測定するのは自動車生産量を測る良い方法とはいえないだろう。

[2]「国内」と「国民」の間には、統計上の定義の違いがあるが、ここでは無視しておく。

クラウン1台の付加価値とは、素原材料到着から乗用車出荷までにトヨタ社内で行われたすべての生産活動に対して、市場が与えた評価額である。GDPは付加価値を合計した金額にほかならないが、付加価値を用いて生産量を測るのは、付加価値の大きさに比例して大型乗用車を軽自動車よりも多く数えるという意味になる。言いかえれば、市場が与えた価値尺度に基づいて、すべての商品の生産量を合計した値がGDPであると解釈するわけである。そして生み出された価値は生産に参加した当事者たちが獲得した所得になっているというのが要点である。

本節では乗用車を例にとって生産額、原材料コスト、付加価値を説明した。これだけを見ても乗用車と鋼材、ガラス製品、ゴム製品との関連が重要であることがわかる。乗用車を売るためには鉄鋼メーカー、ガラスメーカー、ゴム製品メーカーで生産活動を行うことが必要であり、多くの企業で付加価値が生産され、所得が生まれることになる。こうした産業間の経済波及分析は第2部「産業構造とイノベーション」で改めて詳しく考える。

❷ マクロの需要供給バランス

GDPが100だけ社会全体で生産されたとする。その生産物はすべて販売されるだろうか。つまり過不足なく需要が発生して100のGDPは売りきれるだろうか？ 売れなければ来年度にかけて生産調整が進むだろう。予定よりも売れるようなら企業は増産するだろう。こうした問題を次に取り上げよう。

> **疑問2** 生産物全体の需給がバランスするのはどのような場合だろうか？ 但し、マクロの需要供給バランスを考える際には価格の調整は考慮せず価格は一定と想定する。

理論ツール2：貯蓄＝投資原理
説明を簡単にするために、最初は貿易のない**閉鎖経済**をとってマクロの需

給バランスを考えてみよう。

図表1-3には貿易のないマクロ経済が描かれている。

図表1-3　経済循環図

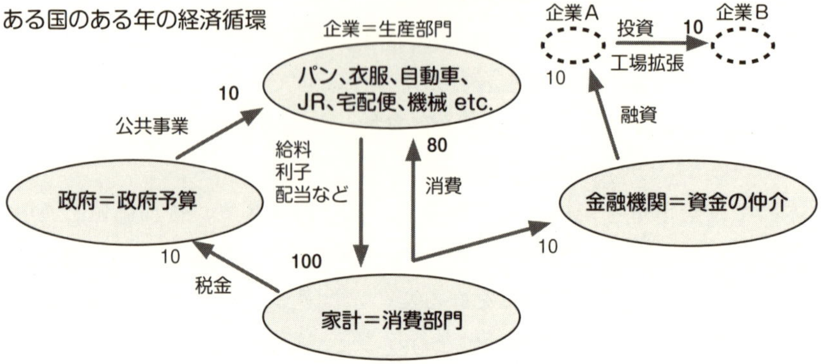

ある国のある年の経済循環

企業＝生産部門：パン、衣服、自動車、JR、宅配便、機械 etc.

政府＝政府予算 → 公共事業 10 → 企業

企業A → 投資 10 → 企業B（工場拡張）

金融機関＝資金の仲介 → 融資 10 → 企業

家計＝消費部門 → 消費 80 → 企業

企業 → 給料・利子・配当など 100 → 家計

家計 → 税金 10 → 政府

家計 → 10 → 金融機関

図表1-3には社会で経済取引に参加する主体がいくつかのグループにまとめられている。まず商品は企業で生産されるので**企業部門**に統合している。端的にいえば「日本株式会社」の連結決算をしているイメージである。その企業部門で100のGDPが生産されたとして、その販売先としてどのような部門があるだろうか。他企業に販売する（BtoB）場合があるが、GDPには付加価値だけを計上しているので企業間取引は部門内部の取引として相殺されてしまうものが多い。

図表1-3に示してあるように国内生産物の販売先としては、**家計部門**、**政府部門**がある。国内で販売しない場合の販売先は**海外部門**だが、図表1-3では海外部門を無視している。

GDPが100だけ生産されたということは、その背後で100に等しい国民所得が分配されている。図表1-3では、家計部門が所得100のうち80を消費のために支払っている。これは**消費需要**として企業部門に還流する。しかし、家計部門だけから100の需要が生まれることはない。なぜなら家計は所得の一部分を貯蓄するのが通常だからである。換言すると家計の行う貯蓄は需要

から漏出する部分となる。

　図表1-3では　需要不足額20は政府の財政支出10、および他企業からの資本財発注10によって解決されている。財政支出は家計から政府に支払われる税と等しくなっており、図表1-3は均衡財政になっている。また他企業からの資本財発注は、企業部門内の内部取引にはあたらない。内部取引として相殺される部分は、たとえば新日鉄がトヨタに販売する鋼材のように、その年のうちに乗用車という別の商品に組み込まれてしまう部分である。家計はクラウンを購入するときにトヨタの付加価値だけではなく、新日鉄による付加価値、日本板硝子、ブリヂストンによる付加価値をすべて一括して買い取るわけである。資本財はたとえば設備として設置されるが、その使用は長期間にわたる。その年のうちに商品に織り込まれるのは設備のうち減価償却部分だけであり、投資は企業部門が保有する実物資産として残るものである。したがって設備投資や建設投資のために取引される資本財はGDPの販売先に含めなければならない。

　以上のようにGDPの販売先を整理すると、貿易のない閉鎖経済の需給バランスは下の式のようになる。

GDP＝民間消費需要＋民間投資需要＋財政需要

　政府支出にも消費的な部分（たとえば公務員給与、消耗品購入など）と投資的な部分（たとえば道路建設などの公共事業）がある。

　そこで

消費＝民間消費需要＋政府の消費需要
投資＝民間投資需要＋政府の投資需要

のように消費と投資に分けて合計すれば、結局、

　　　　　　　**GDP＝消費＋投資**

　これが最も簡単に考えたマクロの需要供給バランス式になる。

さて、ここで「国内総生産（＝GDP）」とは国内で生まれた付加価値つまり所得を合計した値に等しいという点を思い出してほしい。先に確かめたことから上の式の右辺にある消費を左辺に移項すると

$$GDP－消費＝国民所得－消費＝貯蓄$$

になる。すなわち、下の式が結論として得られる。

　　　　　　　　貯蓄＝投資

　以上、貿易のない閉鎖経済で簡単に考えてきた。そうすると国内全体の貯蓄と投資が等しくなっていることが需要供給のバランスには必要だという結論が得られる。貯蓄は所得のうち需要にはならない部分である。その貯蓄を埋め合わせる需要が投資需要として出てこなければ、そもそも生産物全体で需要と供給のバランスはとれないという事実を上の式は伝えている。これをマクロ経済の**貯蓄投資原理**と呼んでいる。

　では貿易を考えに入れると説明はどう変わるだろうか。大事な要点は、実は何も変わらない。経済学は常に需要と供給のバランスを考える。貿易がある場合にも需要と供給のそれぞれを取り上げていけばよい。
　貿易を行うので**輸出**と**輸入**が発生する。国内全体という市場において、輸出は海外から買い手が現れるということだから、家計、企業、政府に次いで4番目の需要が加わることになる。反対に、輸入は国内市場で商品を買ってもらいたい企業が海外から参入するとみるのが正しい。国内企業だけではなく海外の企業も供給者として行動するわけである。
　こう考えると、需要合計と供給合計は以下のようになる。

需要合計＝消費（←家計）＋投資（←国内の企業）＋輸出（←海外の企業）

供給合計＝国内総生産（GDP）＋輸入（←海外の企業）

国内における供給と需要は一致するので、両式は以下となる。

$$\text{GDP}+輸入=消費+投資+輸出$$

$$\therefore \text{GDP}=消費+投資+輸出-輸入$$

民間と政府を分けて考えれば、

重要！ GDP＝民間消費需要＋民間投資需要＋財政需要＋輸出－輸入

　これが貿易のある**開放体系のマクロ需給バランス式**だ。上の式の左辺はGDPという国内生産物の供給になる。よって、右辺は国内生産物に対する需要にしておかねばならない。民間需要、財政需要を足してから輸入を差し引くのは、たとえば中国製の衣服やドイツ製の自動車を買う場合、それらは日本国内で生産された商品に対する需要ではないためである。右辺に示される金額はGDPという国内生産物に対する需要を合計した大きさになる。そのため**国内総支出**と呼ばれている。

　上に示した開放体系のマクロ需給バランス式も貯蓄投資原理の1つの現われとして解釈できる。この点は後で取り上げる予定である。

　もう一度、本節の議論をまとめると、図表1-4のような関係になる。

図表1-4　三面等価の原則

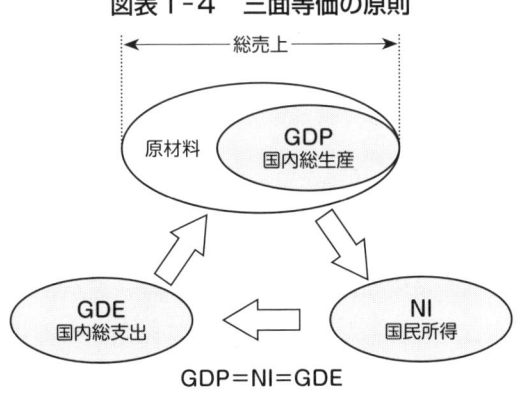

GDP＝NI＝GDE

第1部　顧客・利益・戦略の基礎

これを**三面等価の原則**と呼んでいる。

　次節でGDPをいろいろな仮定の下で実際に計算して求めてみるが図表1-5では、マクロ経済学で習慣的に使っている変数記号を紹介している。変数記号の使用に慣れておけば大変便利である。

❸ GDPの増加と減少

> **疑問3**　国内の投資需要が10だけ増えた。GDPも10だけ増えると考えてよいか？

図表1-5　習慣的に使うマクロ変数

変数記号	意味
Y (Yield)	国内総生産（GDP）
C (Consumption)	民間消費
I (Investment)	民間投資
G (Government)	財政支出
E (Export)	輸出
M (iMport)	輸入

理論ツール3：45度線図

　100のGDPが生産水準として持続するには、同じ100だけの需要が毎年発生しなければ需要と供給のバランスがとれない。生産合計（＝GDP）を**総供給**、需要合計を**総需要**と呼ぶことも多い。

　もしも総需要が100に満たないとすれば、国内経済全体はどのような状況になっていくだろうか？成り行きとしては2つの状況が考えられる。

　第1に、減産が行われる。たとえば予想外に販売が伸びず鉄鋼製品の在庫が市中で増えてしまった場合、鉄鋼メーカーは必要な生産調整を行うのが常

である。

　第2に、価格が下がる。たとえば青果、穀物などの市場は毎日の価格変動によって需給が調整されてしまう。ほかにも天然資源、金属、化学製品などの市場では市場価格が毎日成立しており、その時点で買いと売りとがバランスしていると考えられる。

　本章で述べるマクロ経済学の考え方の根底にあるのは、前者の見方であり、それは市場価格が比較的硬直的な状態を前提としている。なぜ価格が硬直的である場合を主に考えるかといえば、それは失業問題をきっかけにしてマクロ経済学が発展してきたからである。労働市場の需要供給バランスを即時にとるには、時給という価格が弾力的に調整されることが必要である。しかし、現実の労働市場は、さまざまな雇用規制、労使慣行などによって、弾力的に時給水準が調整されることはなく、失業者の存在と硬直的な賃金が併存している。これを**名目賃金の硬直性**と表現しているが、賃金のもつこの特性から、各産業の商品価格自体もまた硬直性をもち、生産水準と販売動向がバランスしない場合には、価格変更ではなく減産・増産による数量調整がと

図表1-6　総供給と総需要のバランス

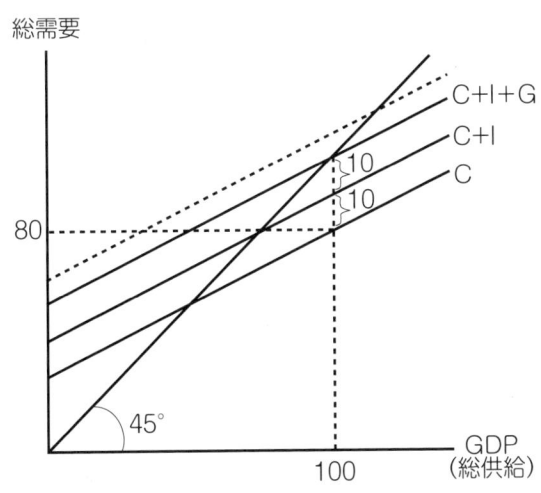

られることが多い。

このように価格調整が十分に行われず、主に数量調整が行われる場合に、生産全体つまりGDPはどのような原因で変動するのかを分析した経済学者が**ケインズ**である。本章で解説する基本的なマクロ経済理論はケインズの考え方に沿っている。

図表1－6のような**45度線図**を用いると、マクロの需給バランスがどのようにとられるかがわかる。

図表1－3の経済循環図に例示したように100のGDPが生産され、それが生産物市場で販売されようとしているとき、社会全体ではGDPに等しい所得が分配されていることになる。所得と消費にはプラスの相関があり、所得が増えるときには消費支出も増えると予想される。この関係を**消費関数**と呼んでいる。

たとえば

$$C = 20 + 0.6Y$$

という消費関数が図表1－6の実線Cで表わされている。ただし、Cは消費需要、YはGDP（＝国民所得）を意味する。上の関係が当てはまるなら$Y=100$のとき、$C=80$となる。総供給が100に対して、消費需要のみを考えるなら総需要が80にしかならないため、消費だけでは需要不足となる。総需要が不足する時、価格が硬直的であれば、減産によって需給のアンバランスが調整される。それは在庫調整によって過剰在庫を適正在庫に調整する企業行動となって現れる。

図表1－3では消費需要以外に、財政需要が10（変数G）、投資需要が10（変数I）だけ総需要に追加され、結局、総需要100と総供給100がバランスしている。この様子を図表1－6で描いている。

このように総需要と総供給がバランスしているなら、企業部門全体として売れ残りが生じることはないはずであり、生産水準を変更しようとする誘因は全体としては生まれてこない。生産水準が一定の高さに決まれば、雇用量

もそれに応じた大きさに決まり、設備の稼働率も一定の高さに決まることになる。これを**均衡国民所得**（＝GDP）と呼んでいる[3]。均衡国民所得は総需要であるC＋I＋G線が45度線と交わる点から横軸に垂線を引くことで読み取れる。

以上、国内生産の全体的水準であるGDPがどのように決まってくるかを議論してきたが、大事なことは消費需要、投資需要、財政需要、輸出需要それぞれの特性の違いである。それを個別にみておこう。

- **消費需要** どこの国でも民間消費需要はGDPの55〜65％を占めるが衣食住にかかわる支出であるので比較的安定している。また消費需要の特徴として家計の所得に制約される点があげられる。将来所得にも依存するが、長期間で考えれば所得以内に消費を抑える必要がある。消費者ローンは、消費者の将来所得から返済する必要があり、その意味ではローンによる消費増加は将来消費の先食いにあたる。
- **投資需要** 負債で調達した資金も事業に投下され回収が予定されている。投資を行うからといって自己資金の範囲内に抑える必要性は必ずしもない。設備投資は、将来への期待だけではなく、金利など資金調達コスト、現在の稼働率など多くの要因から決定されるもので、その変動は大きく、予測が難しい。
- **財政需要** 政府の予算編成で決まる。景気後退のなかで需要刺激策の一環として公共事業が増えることもあり、しばしば財政需要は民間投資とは逆方向に変動する。
- **輸出需要** アメリカ、中国、EUなどグローバル市場の動向から決まる。

Quiz

消費関数が$C = 20 + 0.8Y$のとき、均衡国民所得Yはいくらになるか。ただし、投資は$I = 10$、財政需要は$G = 10$のままとする。輸出と輸入はないと仮

---

[3] 個別の産業分野で需給のアンバランスが併存しうることは当然である。しかし、全体として需給がバランスしていれば、ある産業の需要不足の背後には他の産業の供給不足があるといえる。

定する。

Answer

マクロの需要と供給をバランスさせればよい。国民所得（＝GDP）がある値Yのとき、消費需要は$20+0.8Y$になる。総需要は投資需要、財政需要を加算して以下の式で表わされる。

$$20+0.8Y+10+10$$

これと総供給Yが等しいと需給バランスがとれる。したがって未知数Yの値は以下のように求められる。

$$Y=(20+0.8Y)+10+10$$
$$Y-0.8Y=40$$
$$(1-0.8)Y=40$$
$$0.2Y=40$$
$$\therefore Y=\frac{40}{0.2}=200$$

疑問3のポイント

上のQuizと同様に考えればよい。もし上のQuizにおいて投資（I）が10から20に増えれば、GDPは200から250に増える。なぜGDPがこんなに増えるかというロジックは、図1-5からわかる。生産が増加し所得が増えるので、消費需要も一緒に増えるためだ。

❹ 名目GDPと実質GDP

GDPの水準が決まるメカニズムにおいて価格調整を捨象する考え方はすでに言及した。しかし価格調整を捨象することは物価をまったく考えないこととは違う。価格を考えないというのは、個々の商品市場で割高になる商品

や割安になる商品があり、割安である商品への需要が増えるという側面を捨象するという意味である。商品価格が全体として上がるインフレーションや価格が全体として下がるデフレーションは、やはりマクロ経済学の問題である。本節では物価について考えておこう。

> **疑問4** 生産数量は一定でもインフレにより価格が上がれば付加価値も増えてしまうのではないか？

理論ツール4：GDPデフレーターは物価の物差しの1つ

消費者物価指数や企業物価指数という言葉を聞いたことがあると思う。物価指数は商品全体の平均的な価格の水準を測る物差しである。

GDPは付加価値であり、付加価値は金額ベースで測定されることはすでにみた。金額ベースで測定されたデータを使用する場合に留意する点がある。それは

$$金額 = 価格 \times 数量$$

という関係がマクロ経済に対しても成り立っているという点である。個別商品であれば価格は明らかだから、販売金額を価格で割れば数量が得られる。

しかしGDPは個別商品ではないので価格データを調べることはできない。そこで次のようにしている。まず個別商品の価格が特定年の水準のまま一定であったと仮定した場合の販売額は簡単に求められる。たとえば昨年のガソリン販売量が100とする。また販売額は昨年の1,000から今年は1,100に増えている。ところが昨年から今年にかけての価格上昇率が10%であれば、数量が一定でも金額は1.1倍になる。そこで今年の販売額を1.1で割れば、今年のガソリン販売を昨年の価格で評価したことになる。結果は1,000である。つまりリットルベースでは販売が増えているわけではない。これを**固定価格表示**という。固定価格表示の計数を経済データ分析では「実質値」と呼ぶのが習慣である[4]。

GDPの本来の目的は商品全体の数量の測定だから、価格の変動による影響は除いておかなければならない。そのためすべての個別商品の名目付加価値をあらかじめ**基準年**として定めた特定年の価格で再評価し実質付加価値に直し、実質付加価値を合計した値を**実質GDP**と呼んでいる。いうまでもなく**名目GDP**は付加価値の実額を指している。

上の説明を敷衍すれば、名目GDPを実質GDPで割れば物価が得られる。すなわち以下の式となる。

重要！　　　　　　　**名目GDP÷実質GDP＝物価**

こうして得られた生産物全体の価格を**GDPデフレーター**という[5]。

図表1-7は1980年度以降の名目GDP、実質GDP、GDPデフレーターの推移を示したものである。名目GDP、実質GDPは左目盛り（単位：10億円）、デフレーターは右目盛りである。これをみるとわかるように、GDPデフレーターは1990年代半ば以降、継続的に低下している。これが**デフレーション**である。そのため最近の名目GDPは実質GDPよりも評価額が小さくなっており**名実逆転現象**が続いている。

とくに時系列データとしてGDP統計を利用する際は、数量概念に対応する実質GDPを利用するのが普通である。国内の生産水準や雇用水準が一定であっても、デフレやインフレによって名目GDPは変化するためである。

---

[4]　日本においては2004年以降、「連鎖方式」と呼ばれる方法で実質GDPを算出しているので、もはや実質は固定価格表示のことであるとは厳密にはいえない。しかし、本書ではわかりやすさを考え、固定価格を説明した。

[5]　実際に公表されている物価指数には、名目÷実質×100＝物価指数という関係があてはまっている。物価を測定する統計データとしては「GDPデフレーター」のほかにも「消費者物価指数」、「企業物価指数」、「輸出入物価指数」など多くの物価指数が作成公表されているが、これらは集計される商品範囲を異にしており、また集計のための計算方法にも違いがある。そのため利用する目的に合致した物価指数を選択することが肝要である。

第1章 ■ マクロ経済の骨格

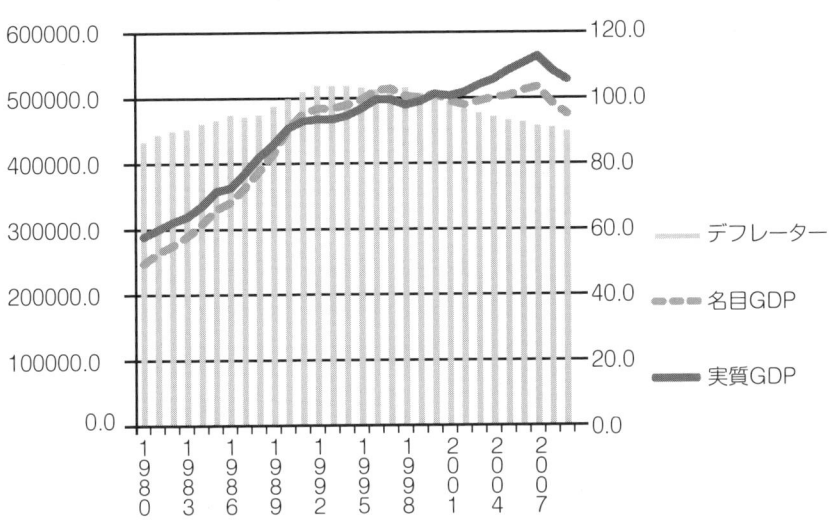

図表1-7　GDPとデフレーター

5 季節調整について

　本章はじめのケースでは実質GDPの四半期別動向の速報が言及されていた。このような四半期ベースの経済統計をみる場合、注意しなければならないのは**季節変動**である。

　図表1-8には四半期別実質GDPの推移が示されている。単位は10億円である。

　図表1-8のなかで規則的に凹凸を繰り返しているのは**原系列**と呼ばれる計数で、これは測定されたGDPの大きさそのものを指す。原系列をみると、毎年10-12月期には他の期に比べて生産が増えていることがわかる。1年のなかで毎年発生するこのような動きを季節変動と呼んでおり、GDPに限らず消費や在庫投資には著しい季節変動のあることが知られている。

　季節変動が大きいときは、原系列を使って1四半期前の結果と今期を比較

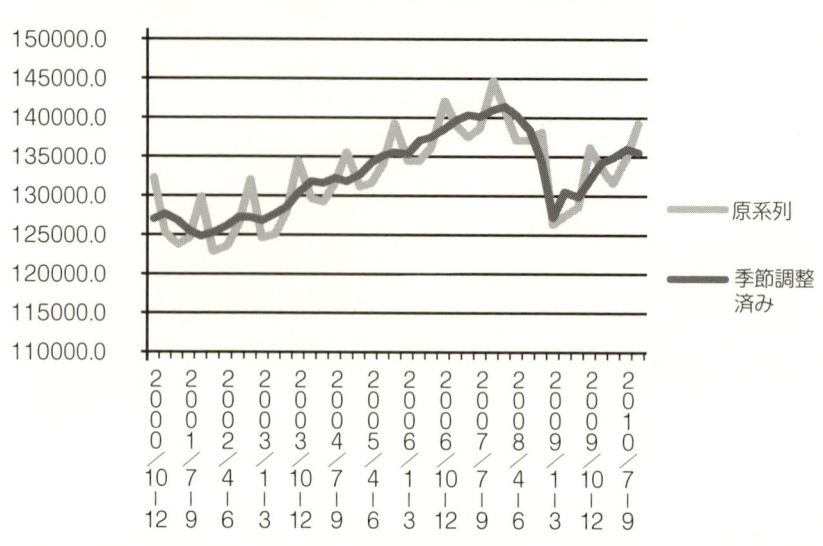

図表1-8　実質GDPの原系例と季節調整済み系列

してもあまり意味がない。秋口から年末にかけて生産が増えることは季節的に繰り返されているからである。景気が良くなっているか、悪くなっているかを判断するときは原系列から季節変動を除外する計算を施しておかないといけない。この計算を**季節調整**という。図表1-8には季節調整済みのGDPも描かれている。季節調整を行うことによって毎年の規則的な凸凹がならされ、経済状況の変化がよく伝えられている。

とくに四半期別の実質GDPを利用する際には、季節調整済み系列の前期比に着目して、景気の変動を把握することが大事である。

❻ 年率・平均成長率・寄与度・成長率のゲタ

前節の最後で、四半期別のGDP統計を利用するときは、季節調整済みの前期比増減率をみるのが適切であることを述べた。この点も含めて、実際のGDP統計を活用するうえで、知っておくと便利な勘どころを紹介しておこ

う。

図表1-9は、日本の政府が公表している2009年度から2010年度にかけての実質GDPである。表には年度全体の数字と季節調整済みの四半期別GDPが示されている。

図表1-9　実質GDP（単位：兆円）

2009年度				2010年度			
526.5				538.5			

09/4-6	09/7-9	09/10-12	10/1-3	10/4-6	10/7-9	10/10-12	11/1-3
521.1	518.8	527.4	539.3	538.4	543.7	540.5	535.4

（1）額の年率・成長率の年率

四半期の長さは3ヵ月なので、本来ならば四半期別のGDPは年度合計の約4分の1になっているはずである。実際、図表1-8をみると、集計されたままの数字である原系列、季節成分を除去した季節調整済み系列とも、実質GDPは概ね130兆円程度の大きさになっている。ところが図表1-9では、四半期別の実質GDPが500兆円を超えている。これはGDP統計を公表する際、季節調整済み系列は集計値を4倍して**年率表示**にしているからだ。即ち、「このペースの生産がずっと1年間続くなら、1年ではどのくらいの実質GDPになるか？」、年率はこのために利用する数字である。四半期ごとに測った実質GDPを平均すれば、その年度全体の実質GDPが得られる[6]。

図表1-9をみると、2010年7-9月期は前の四半期に比べて実質GDPが1％増加している。この成長率が1年間続いたとき、1年ではどのくらいの成長率になるかが成長率の年率である。**年率成長率**は、まず前期比増減率を小数表示してそれを g と置くと、以下のように得られる。

$$年率成長率 = \{(1+g)^4 - 1\} \times 100$$

---

6) 実際には季節調整の計算方法が影響して、四半期の平均と年度合計は少し異なってくる。

四半期の成長率を複利方式で1年間持続させる点に成長率の年率化のポイントがある。ゆえに、2010年7-9月期の前期比増減率は1%だが、それを年率にすると、4.1%になる。つまり2010年7-9月期には「4%成長」のペース率で景気が拡大したという評価になる。

（2）平均成長率

類似した計算として平均成長率の計算をあげておこう。たとえば2000年度から2010年度までの10年間に実質GDPは505.6兆円から538.5兆円にまで増え、増加率にすれば、6.5%しか成長しなかったことになる。これは1年あたりで平均何パーセントの成長を10年間続けてきたことになるのだろうか？

ここでも上にあげた複利計算を用いる。小数で表した1年当たりの平均成長率をgとすれば、gを未知数として以下の方程式が得られる。

$$505.6 \times (1+g)^{10} = 538.5$$

ゆえに、$g = \sqrt[10]{1.065} - 1 = 0.0063$、となる。100倍してパーセントにすれば1年当たりの平均成長率は0.63%であったことになる。

このようにT年でG%だけ経済が成長したとき、1年当たりの平均成長率は、以下の式で求められた値に100を掛ければよい。

$$\sqrt[T]{1 + \frac{G}{100}} - 1$$

（3）寄与度

実質GDPの成長がどのような需要の拡大によってもたらされているかをみることは、今後のマクロ経済の変化を予想するうえで、大変重要である。たとえば、民間の消費や設備投資需要、輸出が不振で、財政需要が増えているのは、景気後退期によくみられる状態である。このように需要の内訳を詳しくみる場合、実質GDPの成長率を需要別寄与度に分解するのが便利である。たとえば2010年4-6月期から7-9月期にかけて、各需要項目は図表

第1章 ■ マクロ経済の骨格

図表1-10　実質GDP成長率と個別需要項目の寄与度

	GDP	消費	投資	財政	輸出	輸入
10/4-6	538.4	306.6	82.1	122.4	85.0	57.2
10/7-9	543.7	309.6	85.6	122.3	85.6	58.7
寄与度	1.0%	0.6%	0.7%	0.0%	0.1%	−0.3%

1-10のようになっていた[7]。

一番下の行にある寄与度は、実質GDP成長率1.0％を個別の需要項目に分解した値である。つまり、消費の増加だけでプラス0.6％の成長がもたらされていることがわかる。また、輸入の増加が0.3％分、成長の足を引っ張っていることもわかる。

寄与度は下の式のように求められる。

寄与度＝その需要の前期の対GDP構成比（小数表示）×その需要の増加率

（4）成長率のゲタ

とくに四半期ごとの変化と年度全体の成長率の両方をみている場合、いわゆる**成長率のゲタ**も知っておくとよいだろう。たとえば、図表1-9において2009年度の平均値は526.7兆円である。一方、2010年度の4-6月期以降ゼロ成長を続けるとすれば、実質GDPは2010年1-3月期の539.3兆円のまま一定になる。それ故、2010年度全体のGDPも539.3兆円になる。つまり、2010年度はずっとゼロ成長であるのに、2010年度と2009年度のGDPを比較すると、2010年度の実質成長率は2.4％となる。本来はゼロ成長であるのに、前年度から繰り越された成長率という意味合いをこめて、この2.4％を「成長率のゲタ」と呼んでいる。成長率のゲタは以下のように求める。

$$\text{当年度の成長率のゲタ} = \frac{\text{前年度1-3月期のGDP}}{\text{前年度のGDP}} \times 100$$

---

[7] 但し、GDPを公表している内閣府で採用している実質化の方法から、実質値については需要とGDPの合計が一致せず、誤差が生じる。

7 ISバランスと資金の流れ

　国際収支の黒字あるいは赤字という言葉がよく使われる。これもマクロ経済の特徴を表す経済用語である。本節ではGDPという商品全体からマネーに視野を広げることにしよう。

> **疑問5**　リーマンショック以前によくアメリカは過剰消費であるといわれていたが、それはどういう意味だろうか？

理論ツール5：ISバランス・資金過不足

　貿易を行っている場合の需給バランス式は、13ページに示したとおり

$$Y = C + I + G + E - M$$

であった。
　上のバランス式を変形すると

$$Y - C - (I + G) = E - M$$

という式になる。すでに述べたように$Y-C$は所得のうちで使わなかった部分なので貯蓄に該当する。さらに、財政支出Gは投資的経費だとしよう[8]。
　そうすると

> **重要！**　　国内貯蓄－国内投資＝輸出－輸入＝国際収支

という関係が得られる。上では国際収支と表記しているが、具体的には貿易取引から生まれてくる収支であるため**経常収支**という方が適切だ。たとえば日本は毎年の輸出が輸入を上回っている経常収支黒字国であり、アメリカは経常収支赤字国である。

---

[8] 人件費など消費的財政経費を考慮するなら、政府消費として消費Cに計上すればよい。

黒字国には国際通貨が余り、赤字国では国際通貨が不足する。赤字国では国際通貨の支払いが獲得よりも多い。それにもかかわらず輸入が可能なのは、黒字国が赤字国に国際通貨を貸し付けているからである。海外に貸し付けた分、黒字国は海外に対する債権が増える結果になる。このように経常収支の黒字は、海外に対する債権の純増と裏腹な関係にある[9]。

　国内貯蓄と国内投資の差額を**ISバランス**と呼んでいる。日本のように経常収支が黒字の国は、貯蓄が投資を上回りISバランスが正の値になる（貯蓄超過国）。この場合、銀行は預かったお金が余り、貸し出し先に困るという状態になる。ISバランスがプラスの国は**黒字主体**である。反対に、アメリカのようにISバランスがマイナスの国（投資超過国）は経常収支が赤字となり**赤字主体**になる。ISバランスはその国の資金過不足を表すわけだ。黒字国から赤字国への資金の流れを形成している市場が国際金融市場である。

　上の式の左辺にある国内投資を右辺に移項して

国内貯蓄＝国内投資＋海外への債権純増

と解釈してもよい。こう考えれば、開放体系における貯蓄投資原理になる。

疑問5のポイント

　アメリカの過剰消費の裏側には国内投資の拡大と国内貯蓄の減少があり、その結果が経常収支の赤字拡大だった。それは対外債務の増加となり、債務の増加の裏側には日本などの黒字国から行われる信用供与があった点に着目する必要がある。ここで過剰債務を持続できるのはなぜかを考える必要がある。その当事者の返済能力に信用があるからこそ債務は累積していくのであるが、では何を根拠にして信用が形成されているのかをよく確認することが非常に大事である。

---

[9] **国際収支統計**では、海外との資産取引の収支を**資本収支**という。経常収支黒字の裏側には資本収支の赤字（＝海外投資超）があるわけだ。

⑧ デフレーションはお金が足りないため？[10]

　上に示した本節の問いかけは日本の経済状況をみれば明らかに誤りである。というのは、日本全体としては貯蓄が投資を上回っている資金余剰国だからである。お金が足りない状態とは正反対であるのだから日本のデフレーションを見て、お金が足りないために物価が下がっているというのは嘘である。

　とはいえ、デフレは不況の温床であるとよくいわれる。また、デフレを解決するには通貨を発行している日銀の責任が大きいともいわれる。それなら、もっと多くのお金を市中に供給すればデフレーションをくい止められるのだろうか。まず貨幣供給について基本的なことを確認しておこう。

> **疑問6**　マネー（＝お金）は日銀だけが供給できるものであるというのは正しいか？

理論ツール6：マネーサプライ

　マネーという用語は実はいろいろな意味で使われており誤解を生じる理由になっている。マネーを日銀券および硬貨（＝小銭）[11]と解釈すれば、確かに中央銀行である日銀だけがマネーを供給できることに間違いはない。

　しかしマネーとは商品を購入するために必要な支払手段であると解釈すれば、日銀だけがマネーを作っているわけではない。たとえば住宅を購入する場合、住宅価格に等しい現金を手元に用意するわけではない。多くの場合、銀行から住宅ローンを供与され、ローン供与額が一度普通預金に振り込まれた後、その預金から住宅販売業者に送金されるはずである。預金残高が支払いの裏づけになっている事実が非常に重要である。預金は現金を銀行に持ち込むことによっても増えるが、銀行が貸し出しを行うことによっても増え

---

10) 初読の際は本節をスキップして第2章へ進んでもよい。
11) 硬貨は政府が製造し、日本銀行が形のうえでは買いとることによって流通している。

る。預金もまた商品購入の支払いに使われるので、銀行はマネーを創造していることになる。中央銀行（＝日本銀行）と民間銀行が決済手段であるマネーを創造する仕組みは両者のバランスシートに着目すればよくわかる。

日本銀行		銀行	
（資産）	（負債）	（資産）	（負債）
有価証券	当座預金	日銀当座預金	預金
	日銀券	現金	自己資本
	自己資本	有価証券	
		貸し出し	

　日本銀行は日銀券を印刷して市場から国債という有価証券をいつでも購入して保有することができる。国債には金利がつくので日本銀行は紙幣を印刷するだけで金利収入を得ることができる。これが中央銀行の**通貨発行益**である。こんなことが可能であるのは、国債と見合いで日銀券を取得した相手方が、その日銀券でいつでも希望の商品ないし資産を買うことができると考えているからである。つまり日銀券はマネーとして日本国内で流通している[12]。今述べた取引を上の日本銀行のバランスシートに則して整理すると、資産側の有価証券と負債側の日銀券が両建てで同額計上されることになる。日銀券という現金は当の日本銀行にとっては負債として記録されるものである。

　では、住宅を取得したいと考えている顧客に銀行が住宅ローンを供与する場合を考えよう。この場合は、銀行のバランスシートの資産側に住宅ローンという貸し出し債権と負債側の預金が両建てで計上されることになる。住宅を買う人は、預金を使って住宅購入契約を結び、その後に預金口座から住宅購入額が決済される。もし住宅の売り手の預金口座が同じ銀行にあれば、この売買は預金口座間の単なる振替に過ぎない。別の銀行の預金であれば銀行間の振替になる。民間銀行全体を１つの決済システムと解釈すれば、商品や資

12）アメリカのドルはアメリカ国外でも商品購入に使用できることがある。大事なことはマネーとして相手が受け取ってくれるかどうかである。これが通貨の信用と呼ばれるものである。日本の円が国際通貨として世界中で流通しているかといえば、まだまだUSドルには及ばないのが事実である。

産の売買は預金口座間の振替手続きで決済されてしまう。だからこそ預金は支払手段でありマネーそのものと考えるべきなのだ。**預金通貨**と呼ばれるのはこのためである。その預金を民間銀行は信用供与によって創造しているのである。

マネーサプライとは市中に流通しているマネーの総量、つまり現金と預金通貨の合計のことである。

もちろん銀行もバランスシートに預金と貸し出しを両建てして無限にマネーを創造することができるわけではない。実際には、負債側の預金残高に対して資産側の日銀当座預金を一定比率以上に保つことが定められている[13]。日銀当座預金は、元々は市中金融機関が日本銀行に日銀券を持ち込むことで残高が増えるわけだから、日本銀行は日銀券でさまざまな有価証券を購入することでマネーサプライをコントロールしているとみることも可能である。発行済みの日銀券と銀行が保有している日銀当座預金の合計を**ベースマネー**というのも、この残高が土台になって預金通貨が信用供与を通して創造され、国内のマネーサプライが増えていくからである。

> **疑問7** マネーサプライを増やせば商品への需要が増えるのではないだろうか？需要が増えればデフレを解決できるのではないだろうか？

理論ツール7：IS曲線

図表1-11は、国内経済において市中の金利と実質GDPの間にはどのような関係があるのかを示したグラフである。

まず右下がりの**IS曲線**に注意しよう。これは**商品市場の需給バランスをとるために必要な関係**を表している。マクロの需給バランスという観点から考えると、市中の金利が上昇すると、投資の期待収益率が資金コストを上回る必要があることから、企業の設備投資や消費者の住宅投資が抑制される傾向がある。それは、国内金利が上昇すれば、その分だけプラスの純収益が期待できる投資プロジェクトは少なくなるためである。投資が減少すれば総需要

---

13) これを**準備預金制度**という。

図表１-11　金融面を考慮したGDPの決定メカニズム

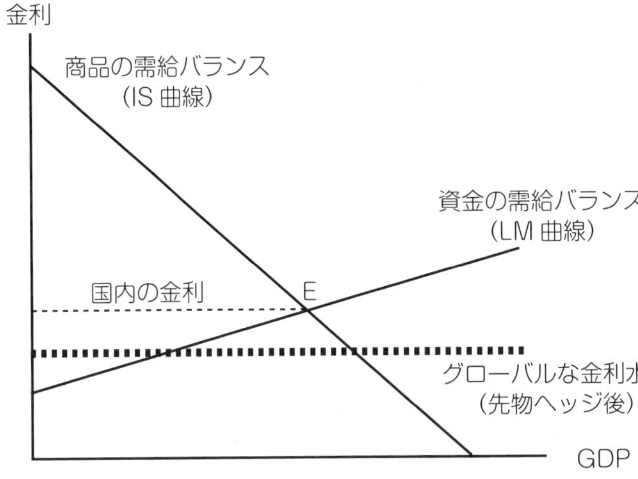
金利
商品の需給バランス
(IS 曲線)
資金の需給バランス
(LM 曲線)
国内の金利
E
グローバルな金利水準
(先物ヘッジ後)
GDP

が減少し、そのためGDPが低下する。景気後退期に中央銀行が金利引き下げを行うのは、需要を刺激することが主な目的である。

重要！　商品需給バランス→金利が下がればGDPは増える

理論ツール８：LM曲線

次に、図表１-11に右上がりの直線として描かれている**LM曲線**を考えよう。これは**マネーマーケットの需給バランスをとることから予想される金利と実質GDPとの関係**である。なぜマネーマーケットを考える必要があるかといえば、お金は商品購入のための**支払手段**としてのみ保有されるわけではなく、**価値保蔵手段**、言いかえると資産運用の一環としてお金という形を選ぶこともあるからだ。資産運用の目的は資産を増やすことであって、当面何かの商品を買うわけではない。したがって、価値保蔵のためのマネー保有が非常に増える場合には、日銀や金融機関がいくらお金を供給しても商品購入には向かわない。

ではLM曲線はなぜ右上がりなのだろうか。それは、生産活動が上がり、

商品取引にともなう支払いが多くなればなるほど、決済手段として手元資金を積み上げておく必要があり、より多くのマネーを必要とするからである。市中のマネーが一定の場合、支払いにあてるマネーが多く需要されれば、国債や株式に運用する余裕資金は減少するので、市中の金利は上がることになる。俗にいう「金融逼迫」である。

重要！ マネーマーケット→GDPが増えると金利が上がる

図表1-11のIS曲線とLM曲線が交わっているE点は、商品市場の需給バランスと資金市場の需給バランスが双方とも保たれている点であり、国内の生産と金利の高さはこの交点で決まる傾向がある。

しかし図表1-11をよくみると、図のIS曲線とLM曲線が交わる実質GDPと市中の金利が長期間続くとは考えられない。それはグローバルな金利水準という水平線の意味合いを考えれば理解できることである。

現在、マネー市場における外国為替取引、たとえば円とドルの取引は貿易に必要な取引ではなく、お金を増やすための資産取引が大半を占めている。お金は国境を越えて資産を増やすのに最も有利な国に流れていくものである。マネーが金利の低い国から高い国へ速やかに移動するならば**完全資本市場**という。その場合、図表1-11からどのような進展が予想できるだろうか。

図表1-11では国内金利の方が海外金利よりも高い。こうした場合、国内の高金利を求めて、海外から資金が流入してくる。そのため国内通貨が増価する――日本の場合、円高になる。もしも通貨当局が為替レートの安定を図っているのであれば、通貨当局が外貨を買うことで為替レートの増価を抑えなければならないが、そうすることは市中のドルを減らし円を増やす。つまり資金供給を増加させることになる。それゆえ、LM曲線は図表1-12のように点線で示される所まで右の方向へ移動し、結局、国内金利が世界金利にサヤ寄せされる結果となる[14]。

14) 表面的には、2010年現在、日本の国内金利はアメリカの国内金利よりも低い。しかし円ベースの金利とドルベースの金利を直接比較することには意味がない。というのは、日米両国では物価上昇率の違いがありその差が金利に反映されているからである。

第1章■マクロ経済の骨格

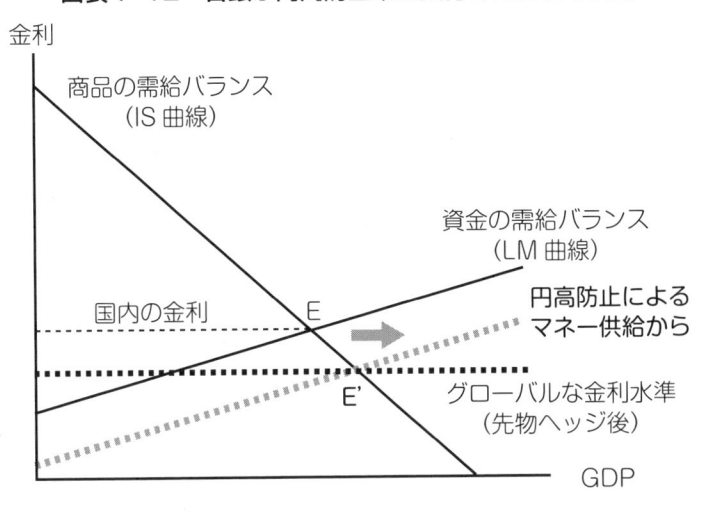

図表1-12 日銀が円高防止策を実行したときの状態

（グラフ：縦軸「金利」、横軸「GDP」。商品の需給バランス（IS曲線）、資金の需給バランス（LM曲線）、国内の金利、円高防止によるマネー供給から、グローバルな金利水準（先物ヘッジ後）、均衡点EからE'への移動を示す）

　図表1-12ではLM曲線が右の方へ移動する結果、国内金利が低下し、GDPが増える結果になる。しかし、現在の日本経済についていえば、金利が少し下がっても期待収益率がプラスとなる投資機会が国内市場になかなかみつからない。言いかえるとIS曲線がほとんど垂直に立っている状態とみられている。そういう場合には金利低下による需要増加はあまり期待できないと考えなければならない。

　仮に中央銀行が為替レートの増価に対応しないとすれば、国内通貨の上昇（円高）が続くので、それは輸出需要の減少に結びつく。それは商品（＝GDP）に対する需要の減少につながるので図表1-13のようにIS曲線が左に移動することになって、結果的に国内の生産低下から国内金利と世界金利が等しくなる[15]。

---

15) 本節では、商品市場の需給バランス、資金市場の需給バランス、さらに外国為替市場の動向を考えながら、マクロ経済の因果関係を議論した。このような枠組みを**マンデル・フレミングのマクロ経済モデル**と呼んでいる。ここでは変動レート制の下で資本移動が完全であるケースを取り上げたが、本来は固定レート制、資本移動が不完全な場合、資本移動がない場合等々、いろいろな状況を想定して経済全体の調整メカニズムを検討できるものである。

第1部　顧客・利益・戦略の基礎

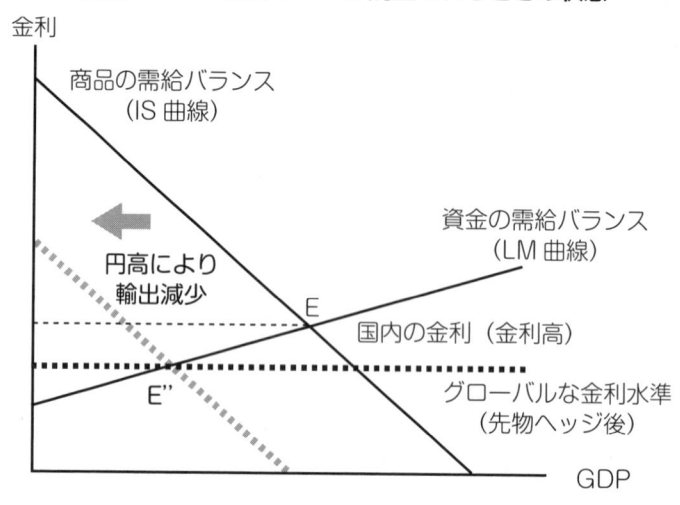

図表1-13　為替レートが調整されるときの状態

（図：縦軸 金利、横軸 GDP。商品の需給バランス（IS曲線）、資金の需給バランス（LM曲線）、国内の金利（金利高）、グローバルな金利水準（先物ヘッジ後）。円高により輸出減少を示す左向き矢印、均衡点E、E"）

理論ツール9：量的緩和政策とは何か？

　デフレ状態に陥った経済状況から景気回復を実現するため、日本銀行が推進した政策として**量的緩和政策**がある。これは一口にいえば民間の金融機関から国債を買い取り、ベースマネーを増やそうという政策である。日本銀行は2001年3月から量的緩和政策を開始し、2006年3月まで継続した。

　ベースマネーとマネーサプライの増減を確かめると図表1-14のようになる。図表1-14は1981年1月から2009年12月までのベースマネーとマネーサプライ残高[16]の増減を示したものである。

　これをみると、とくに量的緩和開始後、ベースマネーが大量に供給されていることがわかる。ではマネーサプライ全体がそれと並行して増えているかといえば、増え方はほとんど変わっていない。その理由は銀行による民間企業への貸し出しが増えなかったからである。それは新規貸し出しへの需要が低迷したからである。そのため銀行は安全な金融資産で預金を運用した。そ

16）　長期間にわたってデータが用意されているM2と呼ばれるマネーサプライ指標を使った。M2は現金通貨に銀行の預金を合計した金額のことである。

第1章 ■ マクロ経済の骨格

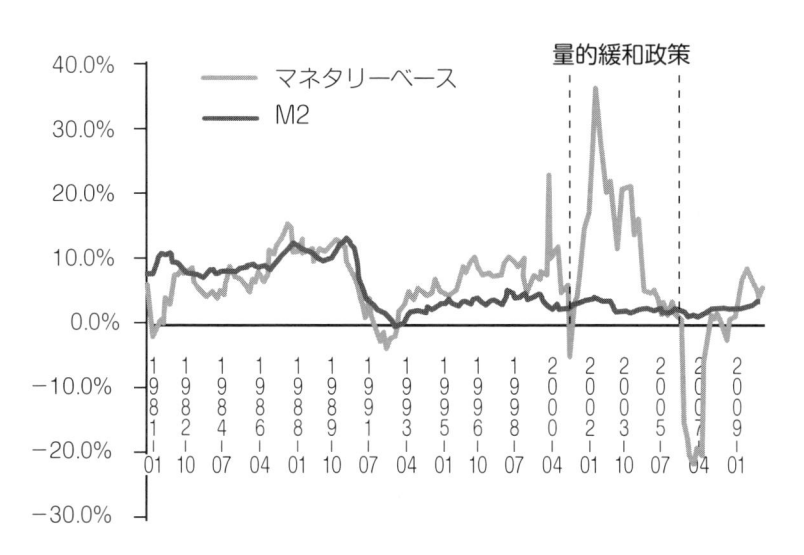

図表1-14 ベースマネーとマネーサプライ

の代表が国債であった。

疑問7のポイント

　疑問7をどう考えるか。もう大分明らかだろう。マネーサプライは自由自在に増やすことができるわけではないという点が第1のポイントだ。では仮にマネーサプライを増やすことができるとして、総需要は増えるだろうか。金利は下がるかもしれない。しかし設備投資や住宅投資にとって金利だけが大事だろうか。設備投資や住宅投資が増えないとすれば、消費需要には期待できないだろうか。大事なのは需要である。もう1つ、日本の金利を下げることが（ある程度）できたとして、では海外の金利よりもずっと低い状態を続けられるだろうか。これは少し難しい問題かもしれないが、是非ここまで目を向けて考えてみていただきたい。

【一歩進んだ補足】

GDPデフレーターについて概略は本文のとおりだが数式を使って補足しておこう。

今年（第 t 年）における第 i 商品の取引量を q_t^i、基準年の価格を p_o^i、現在の価格を p_t^i とする。このとき、商品全体の取引量を基準年の価格で評価すれば

$$\sum_{i=1}^{N} p_o^i q_t^i$$

である。同じ取引を現在価格で評価すれば

$$\sum_{i=1}^{N} p_t^i q_t^i$$

になる。全商品の物価指数 P は

$$P = \frac{\sum_{i=1}^{N} p_t^i q_t^i}{\sum_{i=1}^{N} p_o^i q_t^i} \times 100$$

のように算定される。価格に変化がない場合、物価指数は100になるが、基準年の物価を1ではなく100とするのは物価指数作成上の習慣にすぎない[17]。

---

[17] 以上の説明は消費者物価指数や企業物価指数にはそのまま該当するが、GDPは付加価値を合計した値のため実はもう少し複雑である。しかし基本的なロジックは本文の解説で足りると思われるので詳細は割愛したい。

練習問題

問1 景気回復への期待から設備投資需要が10から15に増加したとします。他の需要は一定と仮定し、GDPはどのくらい増加するでしょう？ 但し、消費需要のみGDPに依存して変わるものとし、$C = 20 + 0.7Y$とします。
（答：16.7）

問2 消費が80、投資が20、財政が10、輸出が10、輸入が8と仮定します。いま輸出が10から14へ、投資が20から24へ増えました。GDP成長率と輸出の増加率、投資の増加率、並びに輸出、投資それぞれの寄与度を求めなさい。
（答：順に、7.1％、40％、20％、3.6％、3.6％）

問3 ある機械の過去5年間の受注は、100、120、123、130、142、のように増えてきました。この期間の平均増加率を求めなさい。
（答：9.2％）

問4 「景気が拡大するときに輸入は増えるのだから、輸入が増えたからGDPが減るというのは納得できない」と主張する人がいます。どのように回答すればよいでしょう？
（ヒント：同じだけ需要が増えたとき、もし輸入がなければ？）

研究課題

図表1-10において、日本銀行が長期国債を市中に売却する決定をしたとします。この措置はLM曲線に対してどのような影響を及ぼし、景気に対してどのような効果が見込まれますか？

討論の課題

景気拡大期間中に踊り場を迎えた2004年秋の時点で、どのような景気予測がされていたかを具体例でみてみよう。以下は2004年7～9月期のGDP一次速報が公表された直後に報道された記事だ。専門家が景気の変動を予測するとき、何に注目しているかを確認しておこう。

◆ **足踏み景気、回復基調維持、7～9月期0.3％成長—設備投資鈍化、輸出減速**

7-9月期の実質国内総生産（GDP）が前期比年率で0.3％増にとどまった。6-7％台の高成長から急ブレーキがかかった前期（同1.1％増）をさらに下回る成長率で、景気は踊り場に差し掛かっている。ただ個人消費を支えに回復基調は維持している。米中景気が急減速しなければ、日本経済には前向きな力が加わってくる公算が大きい。

◆ **設備投資鈍化—台風影響大きく調整は短期の見方**

7-9月期の日本経済がほぼゼロ成長になった要因の一つは設備投資の鈍化だ。昨年度後半以降、業績改善を背景に主に大企業製造業が投資を積み増して景気をけん引してきた。だが先行指標である機械受注統計の民需（船舶・電力除く、季節調整値）が7-9月期に前期比8.4％減となるなど増勢には一服感もみられる。輸出減速で先行きに不透明感が広がっているためだ。GDP統計の設備投資も物価変動の影響を除いた実質で同0.2％減と1年ぶりのマイナスだ。

期中に6回も日本に上陸した台風の影響が見逃せない。内閣府も工事の中断による建設投資の減少が設備投資全体を下押ししたと説明している。GDP統計では建設投資は進ちょくベースで推計するため、工事中断の影響が直接表れたもようだ。

建築着工予定額（民間非居住用、内閣府試算）でみると、7-8月の建設投資は前年同期に比べ20％以上伸びている。大型のショッピングセンター（SC）や物流施設の建設が相次いでおり、建設投資の基調は強いとの見方が一般的だ。

内閣府は来月8日に7-9月期のGDP改定値を公表するが「設備投資は上方修正では」（三井住友アセットマネジメントの宅森昭吉氏）との指摘は少なくない。

◆**輸出減速―デジタル好況一服**
　景気回復の起点だった輸出の減速も成長率を下押しした。内閣府の数量指数（季節調整値）でみると、7-9月期の輸出は前期比2.4％減と4四半期ぶりのマイナス。米国と中国が引き締め政策に転じたのを受け、対米ではデジタル家電、対中では建設機械などが不振だった。
　輸出減速を受け、9月の鉱工業生産指数が前月比0.4％低下するなど生産も停滞気味。16日公表の月例経済報告でも政府は輸出と生産の鈍化に注目して景気判断を下方修正する方向だ。
　ただ米国経済は7-9月期には実質3.7％成長に再び加速。中国経済が急減速するリスクも小さい。原油高の影響が軽微なら米中景気は堅調に推移し成長鈍化も短期で終わりそうだ。

◆**消費堅調―リストラ懸念後退**
　設備投資と輸出の減速というショックを吸収したのは個人消費だ。7-9月期の実質消費支出は前期比0.9％増。この一年、1％程度の伸びを続けている。リストラ懸念の後退が、消費者心理に明るさをもたらした。
　ただ消費の元手となる家計所得はようやく下げ止まった程度で、7-9月期の雇用者報酬（名目）も前年同期比で0.1％増にとどまる。消費は活発だが、心理先行でもろさがつきまとう。内閣府の景気ウオッチャー調査も街角の景況感を示す現状判断指数は10月まで3カ月連続で低下した。
　来年度税制改正の焦点、定率減税の廃止・縮小は「議論するだけで消費抑制のリスクがある」（第一生命経済研究所の嶌峰義清氏）。国民負担増について政府には慎重な政策運営が求められる。

　　　　　　　　　　…後略…

（出所）『日本経済新聞』2004年11月13日朝刊より。

●論点

- 景気を予測するうえで最も不確実・不確定な要素は何か。
- 討論の課題で景気の先行きを弱気にさせる事柄は記述されているか。逆に、先行き強気にさせる記述はあるか。
- 討論の課題全体を通して、あなたならどの部分を最も重視するか。

第 2 章

顧客の評価と需要

　利益を得るためには一定のコストを負担した後、一定の価格で売ることが必要である。そのためには顧客の存在が前提となる。価値は顧客が決めるものである。企業が生産、販売する商品は顧客にとって何らかの価値を提供しなければならない。

　本章ではマクロ的な見方から特定の市場に降り立ち、市場の売り手と買い手のうち、まず買い手の意思決定を分析する。それは個別の顧客、個別の企業というミクロ的な見方のうち**顧客の側**から考えることを意味する。本章ではそのための理論ツールについて述べる予定である。

　2002年から始まった景気拡大のなかで白物家電復活と形容されたブームがあった。なぜ白物家電が売れたのだろうか？

第2章の読み進め方

【1】顧客評価と需要曲線

　　第1節のメインテーマは**需要曲線**である。需要曲線は販売価格と売上数量との関係のことである。本書の特徴は、需要曲線から**顧客評価**を読み取る観点を主にしている点である。顧客評価は、価格戦略や製品戦略にもつながる基礎概念である。顧客評価に関連して、**消費者余剰**も大事な概念である。上の3つをしっかり理解しておいてほしい。本節は必ず精読すること。

【2】所得や販売価格の効果を測る

　　第2節では、所得や販売価格が売上数量に与える影響度をどう測るかについて述べる。**価格弾力性**や**所得弾力性**は商品の販売特性を教えてくれる。

【3】その他の需要決定要因

　　第3節では、需要に影響を与えるいろいろな要因を取り上げている。

【4】消費者行動の原理

　　第4節では、大学の経済学部で「ミクロ経済学」と呼ばれている授業でまず取り上げられる「消費者行動理論」のごく基本の部分を簡単に紹介している。最も上手な買い物をしているなら、1円当たりの**限界効用**がすべての商品で等しくなっていなければならない。需要に関する理論的結果は、実はこの単純な事実から演繹的に導かれるものである。

ケース

白モノ家電、高機能で復権

典型的な成熟市場で商品価格の低下傾向が続いていた白物家電に変化が起きている。松下電器産業の「ななめドラム洗濯乾燥機」やシャープの水蒸気乾燥オーブン「ヘルシオ」など高機能商品が相次ぎヒット。日立製作所も26日、ナノテクノロジーを使った高性能食器洗い乾燥機を発表し、高付加値商品を強化する方針を打ち出した。高額商品が増える中、デジタル家電とは対照的に店頭価格も上向く製品も多い。

日立が7月1日に発売するのはナノテクを活用した高性能食器洗機「ナノきらら生活 KF-W70EV」。洗浄水を1・5ナノ（ナノは10億分の1）メートルと分子レベルで細かくした高温の蒸気で食器を、業界最少の9・8リットルの水で洗浄できる。高密度化したナノチタン粒子を食器を収めるカゴに塗布し、消臭効果を高めた。

7人分にあたる60点の食器を、業界最少の9・8リットルの水で洗浄できる。高密度化したナノチタン粒子を食器を収めるカゴに塗布し、消臭効果を高めた。

高機能を売り物にした白物では、2003年11月発売の「ななめドラム洗濯乾燥機」や昨年9月発売の「ヘルシオ」が代表例。ななめドラムは洗濯槽を30度傾け、節水性能や洗濯物の出し入れしやすさを向上させ、累計販売台数が30万台を超えた。ヘルシオは水蒸気で焼くことで脂や塩分を落とす新機能が受け、3月末までに7万台を出荷した。

日立は同日、白物家電で「エコ」や「ラクラク」をキーワードに、「ナノテク」を使って独自の機能や性能をもたせた「ダントツ商品」を強化する方針を打ち出した。ナノテク食洗機はその第一弾。

同社は2005年3月期に白物家電事業の営業損益が7億円と4期ぶり

に黒字に転換した。中国・韓国メーカー製が台頭する扇風機や石油ファンヒーターなどの小物家電から撤退を加速する一方、高付加価値路線を加速し、利益率を高める。

松下の昨年度の白物部門の売上高営業利益率は5・8％で、3％台のデジタル家電などを上回る。東芝や三菱電機、三洋電機なども白物家電で収益を稼ぐ余地があるとみて、高機能商品の開発を進めている。

（出所）『日本経済新聞』2005年5月27日朝刊より。

1 顧客評価と需要曲線

> **疑問1** 高機能商品が常に高価格商品になるのだろうか？

理論ツール10：需要曲線

　販売価格と販売数量との関係を**需要曲線**という。需要の決定要因は価格だけではないが、価格以外の要因は与えられたものとして、販売価格だけが変化する場合、販売数量はどのように増減するかをみるものである。事後的に販売価格と数量がどのように変化してきたかという関係ではない点には注意が必要である[1]。

　図表2-1(a)は、ある銘柄の缶ビールを例にとって、販売価格（＝自社価格）と売上数量との関係を描いた市場需要曲線である。「市場」とは、日本全国を指したり、より限られた地域や店舗を指す場合もあるが、ここでは当該ビール製品に一定の価格を付けて販売する対象になる顧客全体を指していると考えよう。

　図表2-1(a)では、たとえば一缶280円という価格に設定すれば毎月10（千本）の数量が売れるという関係になっている。

　経済学には「ミクロ経済学」と呼ばれる分野があり、そこでは価格メカニズムを考える。需要曲線は最も重要なツールであり、「価格に応じて変化する需要量」として説明する。これは縦軸から横軸が決まるという解釈である。

　しかし、ビジネスへの応用という観点からいえば、むしろ需要曲線を顧客の分布図として解釈する方がよい。それが図表2-1(b)である。この図では、当該缶ビールに対して対価を支払う意志のある顧客を金額の大小順に並べか

---

[1] 価格と数量をフォローする期間中、競合財の価格や景気が変化するかもしれない。そういう場合には、価格と数量をグラフに描いてみたとしても本節でいう需要曲線には該当しない。

第2章 ■顧客の評価と需要

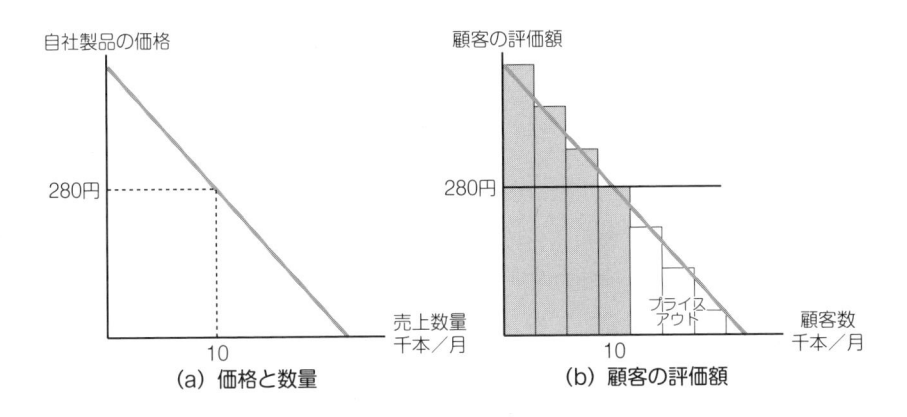

図表2-1　市場需要曲線

(a) 価格と数量

(b) 顧客の評価額

えて横軸上に配置している。商品に対してより多くの金額を支払う意志があるのは、その商品からそれだけ大きい満足を得られると顧客が考えるためである。つまり、その商品に対する評価が高いということである。このように支払う意志のある最大金額のことを顧客の**評価額**あるいは**留保価格**と呼んでいる。

縦軸に最も近く、評価額が最も高い顧客グループは、このビールに対して280円をはるかに上回る金額を支払ってもよいと考えている。その右隣の顧客は、それよりは低いが、このビールに対する評価額はやはり280円を超えている。評価額が280円を上回る顧客は価格280円の下でこのビールを購入するはずである。評価額から価格を差し引いた値を**消費者余剰**と呼ぶが、ビールを実際に購入する人たちはゼロ以上の消費者余剰を得ていることがわかる。

逆に、評価額が280円を下回っている人々が図の右端に近い部分に並んでいる。これらの潜在的顧客層は価格を引き下げれば購入する意志をもっているが、現在の価格では購入しない。このように評価額を超える価格を設定して一部の顧客から購入の意志を失わせることを**プライスアウト**と呼んでい

る。販売価格を引き上げるごとにプライスアウトされる顧客が増えるので、販売数量は減少する傾向にある。すなわち、価格と数量は右下がりの関係であるのが普通であり、これを**需要法則**と名付けている[2]。

> **疑問1のポイント**
>
> ◎**機能と評価**
> 　顧客が商品に求める機能には違いがある。付加的機能を追加しても、それが顧客に評価されなければ高い価格には結びつかない。
> ◎**顧客評価の違い**
> 　従来製品を単一価格で販売する際にも、実際に購入する客の顧客評価には違いがあったはずだ。価格戦略としては顧客評価の高い買い手には高い価格で、低い買い手には低い価格で販売するのが利益拡大の早道である（実際には、いろいろな理由から価格差別を実行するには条件がある）。製品を安い価格で販売する裏側で評価の高い客に対しては逸失利益が生じていた。

> **疑問2**　なぜ多くのメーカーが相次いで高機能化された白モノ家電製品を市場に投入したのだろうか？

理論ツール11：差別化 vs 同質化

　図表2-1では自社製品は他社製品との製品差別化がなされている。その理由は、競合財の価格が一定のまま、自社製品の価格を引き上げても、数量はゼロにならず一定の顧客を獲得できる形に需要曲線がなっているからである。自社製品と他社製品が差別化されていると、自社製品の価格を引き上げても、評価額の高い顧客は逃げることがない。価格が評価額を超えないかぎ

---

[2] 詳細に考えると、価格を引き上げると顧客の実質所得が低下する。この実質所得低下が原因となり当該商品への購入動機がかえって強まるケースもある。たとえば上級財と下級財のように同じ目的に使用される商品が2つある場合に、下級財の価格が上昇すると、所得に余裕がなくなり、本来は避けたい下級財をより多く買ってしまうことも可能性としてはありうる。この種の逆説的な商品を「ギッフェン財」という。

り、顧客はその商品の購入を続けることが図表2-1からは読みとれる。完全に同質な競合財どうしでは、より高い価格で売られている商品を顧客が選択することはない。

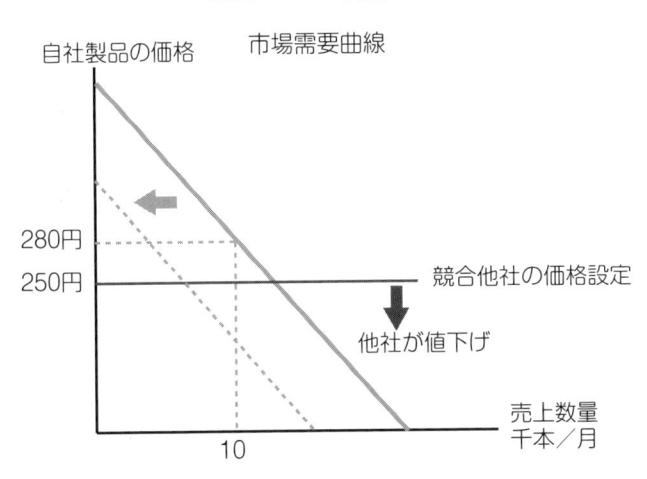

図表2-2　価格競争

```
自社製品の価格   市場需要曲線
       ←
280円
250円              競合他社の価格設定
                ↓
                他社が値下げ
                         売上数量
                         千本／月
       10
```

　図表2-2では競合製品の価格が自社の280円に対して250円に設定されている。図に描いた自社製品に対する市場需要曲線は競合製品の価格を所与として決まってくるので、競合製品の価格が250円で据え置かれている間、数量は10のままである。しかし、競合製品の価格が250円からさらに引き下げられるならば、自社製品の販売はマイナスの影響を被るだろう。その場合、需要曲線全体が左の方向へシフトする。顧客は製品同士の価格を比較しており、自社製品が割高になったと感じるためである。

　競合製品価格の値下げがなくとも販売価格の引き下げを余儀なくされる場合もある。それは消費者が自社製品と他社製品との違いを感じなくなる場合である。同質の商品であれば、顧客はより安い価格の商品を購入するはずである。価格競争が進み、自社製品価格は250円にまで値下げを余儀なくされる。商品の差別化の喪失を**同質化**あるいは**コモディティ化**と呼んでいる。

同一の農産物を販売する個々の農家のように市場規模に比較して事業規模が小さく、市場で成立している価格を受け入れて販売するしか選択肢がない場合を**完全競争**という。この場合、個々の農家が直面している需要曲線は図表2-3のように感じられるはずである。

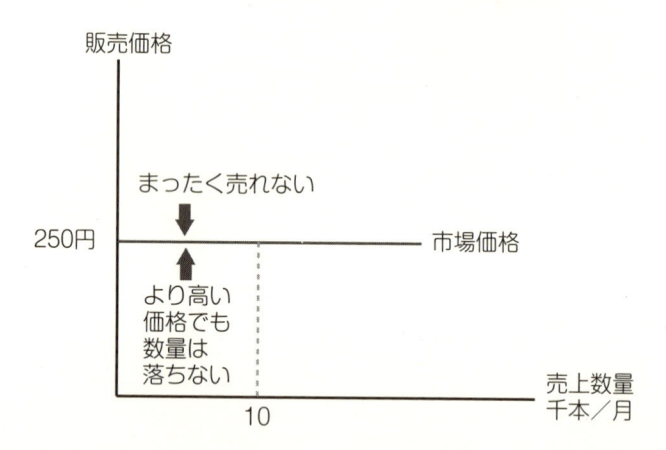

図表2-3　プライステイカーの市場需要曲線

```
販売価格
  │
  │        まったく売れない
  │             ↓
250円─────────────────── 市場価格
  │             ↑
  │        より高い
  │        価格でも
  │        数量は
  │        落ちない
  │                    売上数量
  └─────10──────────── 千本／月
```

　完全競争市場では、どの企業も自社製品の価格を少しでも引き上げれば価格競争力を失い、販売がゼロに落ちてしまう。すなわち**価格支配力**を失ってしまう。その意味で個々の企業は**プライステイカー**になる。
　このような競争状態から脱出するためには、製品差別化を実現し、自社製品に対する価格支配力を獲得することが必要である。

　疑問2のポイント

　◎コモディティ化
　ケース本文のなかの「典型的な成熟市場で商品価格の低下傾向が続いていた白物家電」をどう読むか。商品の普及率が高まり、各企業にも余剰生産能力が生まれ、加えて製品同質化が進めば、各社とも低価格で販売拡大を狙う誘因をもつことになる。

◎**日本企業の選択**

　日立に関する記述「中国・韓国メーカー製が台頭する扇風機や石油ファンヒーターなどの小物家電から撤退する一方、高付加価値路線を加速し、利益率を高める」は他の多くの日本企業にも共通していたと考えられる。高機能商品の価格が高めに推移していたという点からも、国内企業が一斉に同じ行動をとることは自然だった。ただし、一定の市場規模の下で同種の商品を同時期に投入することが本当に理にかなうものであるのかどうかという問題は後の章で取り上げる。

❷ 所得や販売価格の効果を測る

> **疑問3**　高機能の白物家電をこの時期に投入したのは、時期の選択として適切だったのだろうか？また高めの価格を設定したのは適切だったのだろうか？

理論ツール12：所得弾力性と価格弾力性

　本ケースが記事になった2005年5月は、2002年から始まった景気拡大期にあり、消費者の財布の紐が緩んでいた時期だった。一般に、どの商品の販売も国内の景気や販売価格の設定に大きく左右される。しかし、景気や価格設定から販売が影響を受ける度合いは商品ごとに異なる。需要の**所得弾力性**と**価格弾力性**は、消費者の所得や商品の販売価格が購入数量に与える影響の強さを測る指標として利用されている。

　まず所得弾力性は以下のように定義される。

$$所得弾力性 = \frac{購入数量の増減率}{所得の増減率}$$

　たとえば、消費者の年間収入が5％増えたときに、ビールの購入量が10％増えたとする。このとき、ビールの所得弾力性は10/5 = 2になる。

所得弾力性が0であれば、所得が10%増えても商品の購入量は変わらない。所得が10%減るときに購入量が10%減るなら所得弾力性は－10／－10＝1になる。

所得弾力性が1に等しいならば、所得とその商品の購入数量が同じ増減率で変わるため、所得に占めるその商品の購入金額の割合は一定に保たれる。

エンゲル係数は所得に占める食費の割合である。所得と食費が常に同じ増減率で変化するならエンゲル係数は一定の値に保たれるが、実際にはエンゲル係数は所得上昇とともに低下する傾向がある。その理由は、食料品の所得弾力性が1を下回ることが多いためである。一般に、必需品と称される商品の所得弾力性は1を下回っている。

次に、価格弾力性は以下のように、定義される。

$$価格弾力性 = －\frac{購入数量の増減率}{価格の増減率}$$

マイナス記号がついているのは価格と購入数量の関係は右下がりなので、価格が上昇するとき（増減率は正）、購入数量は低下する（増減率は負）が、価格感応度の強さを測るには絶対値をとる方がわかりやすいからである。たとえば、タクシー運賃が10%値上げされた後、タクシーを利用する回数を大幅に節約し、従来の半分にするのであれば（50%減少）、タクシーの価格弾力性は－50/10＝5になる。価格を引き上げる時に売上収入が増えるのか減るのかという違いは、その商品の価格弾力性が1よりも小さいか大きいかによる。

理論ツール13：限界収入

価格ではなく数量を1単位だけ増やすときの売上収入増加額が**限界収入**である。

限界収入は次章で企業利益を考えるときに活用されるが、その値自体は顧客評価から決まってくるので、ここで出しておくのが適切だ。

数式を使った説明は章末を参照されたいが下の結果を確かめることができる。

$$限界収入 = 価格 \times \left(1 - \frac{1}{需要の価格弾力性}\right)$$

価格弾力性が1よりも小さければ販売数量を拡大する戦術は愚策である。それは価格を引き下げて数量を増やしても売上収入としてはかえって低下するからである。また、価格弾力性が無限に高いという状況は、少しでも価格を引き上げると販売がゼロに落ちてしまう完全競争の場合にほかならない。こういう状況では、商品はコモディティ化しており、販売価格は市場価格として与えられている。プライステイカーとして市場と直面せざるを得ないのだが、これは商品を1単位余計に販売すると市場価格と等しい収入が得られることを意味している。限界収入に関する詳しい解説は次章を参照されたい。

疑問3のポイント

◎マクロ的な経済状況と所得弾力性

　本ケースが報道された2005年という年は2002年1月を谷とする景気拡大局面の4年目にあたる。内閣府のホームページによれば[3]戦後日本の景気拡大期間の平均値は2年9カ月である。したがって2005年においては景気がピークアウトする可能性が懸念されていたのであり、仮に景気が後退し消費者の購買意欲が衰えれば、所得弾力性の高い商品の販売が相対的に大きく落ち込むことが予想されていた（というより、予想しておくべきである）。耐久消費財は一般に消費者の所得変動に敏感に反応する贅沢品の特徴をもっており、とくに高価格帯を占める高機能製品はひとたび景気後退に陥れば低価格の標準製品に需要がシフトし、売れ行きが大きく落ち込む可能性を考慮に入れるべきだった。結果的には2007年第4四半期まで景気拡大は続いたが、商品投入時期の選択としては多少遅めに失したと評価される。

◎高機能商品の価格設定

---

3) 景気循環日付が、http://www.esri.cao.go.jp/jp/stat/di/100607kijiun-hizuke.pdfで公表されている。

高価格・高機能の商品は消費者の購買意欲を刺激するとはいえ、製品ラインに占めるポジションとしては贅沢品としての特徴をもっているだろう。そうであるなら、価格弾力性は比較的高く、価格引き下げによる売上増加が期待できたはずである。実際、高機能商品の価格を低めの価格で投入すれば、低価格の標準製品よりもお買い得感（＝消費者余剰）が出るため、売上数量を大きく拡大できたと思われる。しかしそのためには高機能商品の生産ラインに能力拡大投資を行う必要があった。先行して市場シェアを拡大することには戦略的なメリットがあるが、市場で評価されない場合には投資コストを回収できないリスクもあった。

❸ その他の需要決定要因

> 疑問4　白物家電など耐久消費財の販売は、価格と所得以外にどのような要因に影響されるだろうか？

商品の売れ行きを決める要因として販売価格と所得を取り上げた。このほかにもさまざまな要因が販売動向には影響を与えている。価格と所得およびそれ以外の要因を含めて整理すると図表2-4のようになる。ただし、図に示した要因以外にもいろいろな要因があるだろう。

販売価格と所得以外の要因をあげてみよう。

ストック調整効果・習慣形成効果

自動車や薄型TVなどの耐久消費財の場合は、一度購入すれば2台目から期待される満足度は低下し、また買い替えまで何年もかかる。多くの世帯に普及すれば、そのことが需要を抑える要因になる。習慣形成効果とは、反対に、ある商品の購入経験が増せば増すほど、その商品を買い続けようとする傾向を指す。ベバレッジ、タバコ等の嗜好品、衣料品、身の回りのブランド品などが好例である。

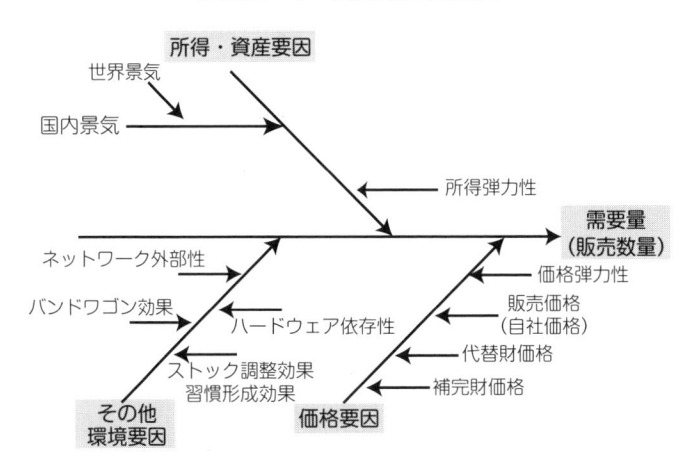

図表2-4 需要の決定要因

- 所得・資産要因
  - 世界景気
  - 国内景気
  - 所得弾力性
- その他環境要因
  - ネットワーク外部性
  - バンドワゴン効果
  - ハードウェア依存性
  - ストック調整効果
  - 習慣形成効果
- 価格要因
  - 価格弾力性
  - 販売価格（自社価格）
  - 代替財価格
  - 補完財価格
- 需要量（販売数量）

ネットワーク外部性

携帯電話は自分だけが購入しても役には立たない。ファックスも同じである。多数の人々が利用しあうことでいっそう価値を増す商品については、普及率の上昇にともなって、それを利用しないことによって失われる便益が高まり購入への刺激となる。

ハードウェア依存性

インクジェット式プリンターでは、プリンター本体の価格を低くして販売を促進し、同時にプリンターに対応したインクカートリッジ市場では競争を回避し高めの価格を設定できる。電子書籍市場で利用される端末機器の間で書籍ファイルの形式に違いがみられることもハードウェア依存性の１例とみられる。

バンドワゴン効果・デモンストレーション効果

売れ筋商品の評価が世評として広まると、その商品を保有して誇示したり購入経験を知人に話すことに満足を感じる場合がある。とくに流行最先端の衣料品、装飾品、身の回り品に多いが、自動車、家庭電気製品などの新モデル公表、ソフトウェアのバージョンアップなどが実施される場合にもあては

まる。これをデモンストレーション効果といったり近年ではバンドワゴン効果と呼ぶこともある。他者と違うモノをもつことにこだわる購入者層、より高い性能に強い関心をもつ購入者層などをターゲットに比較的高い価格で新製品を発売し、市場での認知度を高め、その後順次販売価格を引き下げる手法は「上澄み価格戦略」という価格戦略だが、バンドワゴン効果やデモンストレーション効果が強くみられる場合には有効である。

疑問4のポイント

◎ストック調整効果

　耐久消費財の購入は買い替えサイクルと所得の増減によるところが大きい。多くの耐久消費財は数年ごとに買い替える傾向がみられ、景気変動とも関連している。すでに利用した内閣府のホームページをみると、2005年という時点は1999年から2000年にかけての景気拡大期から5年ないし6年が経過しており、消費者の買い替え動機を期待することができた。また景気拡大期にあったことから消費者の所得状況をみても、白物家電の販売増加が予想できていたはずである。

◎バンドワゴン効果

　たとえば斜めドラム式自動洗濯機は国内の消費者がほとんど使ったことのない製品だった。従来製品と比較した利点が広告宣伝で伝えられ、実際に店頭で販売される情景を目にして、消費者の購買意欲が刺激されたことが想像できる。

4 消費者行動の原理

疑問5　白物家電市場は薄型TVやデジカメなどの市場とは独立して販売動向が決まると考えてよいか？

理論ツール14：代替効果と所得効果

　消費者が所得から支出する場合、すべての商品に対する自らの評価額を基礎にして考えるはずだ。疑問1では、たとえばサントリーのプレミアムモルツやサッポロのエビスビールのように直接競合する代替商品、あるいは発泡酒、第3のビールまで含めた類似商品との競争によって、自社が製造する缶ビールへの需要曲線がシフトすることを述べた。

　実は競合品ばかりではなく、すべての消費財について一般的にいえることだが、何の代替性もないように思われる商品どうしであっても消費者を奪いあう競争関係にある。

　消費者が所得をいろいろな商品購入に配分する場合、可能なかぎり上手な買い物をしようと努力するはずである。その努力は、同質の財であればできるだけ安い店で買い物をすることからも確かめられる。さらに価格ほどの満足度が得られない商品は購入を中止し、よりお買い得と思われる商品を買おうとする態度からもうかがえる。

　ある商品を1単位買って得られる満足度をその商品の**限界効用**という。多くの商品において、買う数量を増やすにつれて最後の1個から得られる満足度は次第に低くなるだろう。

　この限界効用は客観的な数値として測定できるものではないが、測定法を問わず、最も上手な買い物を消費者がしているならば、各商品の限界効用は価格と比例しているはずである。

　たとえば4万円するブランド品のセーターと4千円の安価なセーターのどちらを買おうか迷っている場合を考えよう。4千円のセーターから感じる満足度は4万円のセーターの満足度の10分の1しかないと誰でも想像するはずだ。もし4千円のセーターの限界効用が4万円のセーターの10分の1でなく、同じ程度に魅力的であれば「このセーターは安いがお買い得だ」と口にするに違いない。

　あるいは、こうも考えられる。もしもセーター1着の限界効用が廉価品で4000、ブランド品も同じ4000であれば、廉価品を買うなら1円で1の満足を

買うことになる。ところが、ブランド品を買うなら1円で0.1の満足しか買えないことになる。こんな買い物をしたら必ず後悔するはずだ。

　所得には限りがあり、一定のお金を上手に使うなら、1円当たりでどれだけの満足を買えるかを考慮するはずである。そのため、上手な買い物をしようと努力する消費者は、価格に比例した限界効用をすべての商品に求めるはずである。これを**限界効用均等の原理**と呼んでいる。すなわち以下のような関係になる。

$$\frac{商品1の限界効用}{商品1の価格} = \frac{商品2の限界効用}{商品2の価格} = \frac{商品3の限界効用}{商品3の価格} = \cdots$$

　上の説明は顧客が消費者の場合、つまりBtoCの議論だが、顧客が企業であるBtoBの場合でも同じように考えればよいことがわかっている。企業が商品を需要するのはその企業が生産する商品への需要から派生するものである。**派生需要**の場合、顧客にとっての価値は限界効用とは呼ばず、**限界価値生産性**という。

　たとえば材料AとBのいずれかを選択するとき、材料Aの価格が材料Bの価格の2倍であれば、Aはその企業の生産に対して2倍の寄与をすることが求められよう。この寄与を金額で評価した値を限界価値生産性と呼んでいる。同じ原材料商品であっても、その商品に高い価格を支払う企業もあれば、低い価格しか支払う意志のない企業もある。高い価格を支払う企業はその商品の限界価値生産性が高いから高い価格を支払うのだ。企業においては限界価値生産性に基づいて顧客評価が決まってくる。顧客評価に基づく需要分析の論理は消費者、企業とも同じである。

　仮に、特定の商品の価格だけが割安になった場合は、その商品の限界効用が低くともよいので購入量を増やす誘因が消費者に生まれる。これが価格比変化による**代替効果**である。それと同時に、価格低下によって消費者の所得に余裕が生じる。その余裕は多くの商品にプラス効果となって現れるはずだ。これが価格引き下げの**所得効果**になる。

　カテゴリーの異なった商品が代替関係にあったり、補完関係にあったりす

る側面も大事である。たとえばコーヒーが値上がりすれば、コーヒーへの需要が低下し、その影響で砂糖やミルクに対する需要にもマイナスの影響が及ぶ。たとえ商品自体の価格に変更がなくとも密接に関係する商品の価格が変動すれば自らに影響が及ぶ。このような点に着目し、**粗（純）代替財**と**粗（純）補完財**が定義されている。上に示したコーヒーと砂糖やミルクは粗補完財の関係にある[4]。またガソリン価格の上昇は、自動車全体にマイナスの影響を与えると予想されるが、燃費のよいハイブリッド型自動車にはプラスに働くかもしれない。もしそうであれば、ガソリンと自動車は全体として粗補完財、ハイブリッド型自動車とガソリンは粗代替財になる。

疑問5のポイント

◎代替効果

薄型TVの値下がりは、価格効果だけを取り上げると、白物家電にとって販売抑制要因として働く。デジタルカメラの値下がりも同じである。ただし、価格効果がどちらの方向に働いているかは価格と限界効用の比例関係に着目しなければならない。高機能白物家電の価格設定が多くの消費者にとって割安と映っていたのであれば、デジタル製品の値下がりにもかかわらず、価格効果は白物家電販売にプラスに働いていたはずだ。

◎所得効果

デジタル製品の値下がりはすべての商品に対してプラスの所得効果を与えていた。このことによって白物家電の販売増加がもたらされたことは否めない。他方、所得効果の発生という点に関連して、2005年前後から石油価格の上昇が顕著になった点も消費需要分析では重要である。石油価格の上昇からマイナスの所得効果が全商品に及んでいたはずである。

---

4) 純補完財とは所得効果を除き純粋の価格効果だけをとった時に代替関係にあることを意味する。

【一歩進んだ補足】価格変化と売上収入変化の関係

販売価格、販売数量、売上収入には

$$売上収入(R)＝販売価格(P)×販売数量(Q)$$

という関係がある。収入を価格で微分すると

$$\frac{dR}{dP}=P\frac{dQ}{dP}+Q=Q(1-e)$$

となる。ただし、e は需要の価格弾力性であり、以下のように定義されている。

$$e=-\frac{P}{Q}\frac{dQ}{dP}$$

限界収入と需要の価格弾力性の関係

限界収入とは、商品を1単位多く生産・販売する時に追加的に期待できる売上収入のことである。上では売上収入Rを価格Pで微分したが、今度は収入と数量との関係を考えているので生産量Qで微分する。そうすると限界収入は以下のようになる。

$$\frac{dR}{dQ}=\frac{dP}{dQ}Q+P$$

$$=\frac{1}{\frac{dQ}{dP}\frac{P}{Q}}(P+P)$$

$$=P\left(1-\frac{1}{e}\right)$$

ただし

$$e=-\frac{dQ}{dP}\frac{P}{Q}$$

である。

練習問題

問1 ガソリンは自動車保有世帯にとっては必需財です。ガソリン価格が上昇するとき、その世帯がガソリン以外の商品購入にあてられる予算は増えるか、減るかを答えてください。もしガソリンではなく、価格弾力性が高いと思われるDVDレンタル価格が引き上げられるとき、それ以外の商品にあてられる予算はどのように変化するかを答えてください。（答：順に、減る、増える）

問2 230円で販売されているある銘柄のビールに対する消費者の評価額を調べるため100人を対象にアンケートをしたところ以下のような結果が得られました。

評価額	割合（％）
300円以上でも買う	5
230円だから買っているが300円以上なら買わない	15
今は買っていないが180円になれば買う	20
180円でも買わないが120円なら買う	60

230円から180円に価格を引き下げるときの価格弾力性は概ねいくらになるでしょうか？（答：4.6）

問3 図表2-3にみるように、同質化した商品市場では価格競争が進むはずです。あるガソリンスタンドは近隣のスタンドと価格競争をしており、さらに値引きをすることを検討しています。値引きをすれば競合店から顧客を奪うことができます。では実際にガソリン価格の値引きをする前提として確認しておくべきことは何でしょうか。

（ヒント：販売数量が増えますが、お客に対応できるでしょうか？）

研究課題

自動車販売店を訪れて、近いうちに新車を購入する予定を告げると、営業担当の人は住所や年齢、これまでのドライブ歴、保有自動車、家族構成などいろいろな質問をするでしょう。購入者の年間収入を聞くこともあるかもしれません。こうした会話は担当者と顧客で共通の話題を見つけ、親しくコミュニケーションを進めることに主たる目的があると受け取ってよいでしょうか？

討論の課題

> 高機能白物家電の販売好調のうらには「高くても機能を重視する」消費者の意識があった。機能を重視すれば、価格が高くとも、高機能白物家電が割安に感じ、消費者の購入意欲はかきたてられるはずである。このロジックは本章で説明したどこと関係するだろうか？

　白物家電は高額商品のヒットが相次ぎ、店頭価格を底上げしている。松下電器産業の「ななめドラム洗濯乾燥機」シリーズやシャープの「ヘルシオ」は「洗濯機やオーブンの価格帯を数万円押し上げた」（大手家電量販店）。発売後も値崩れが少ないため、量販店側も取り扱いに前向きだ。

　ギガスケーズデンキはヘルシオ拡販のため、特別の部屋を設けて料理教室を開いている。単価の下落が激しいデジタル家電と違い「白物家電の単価アップが業績に大きく寄与する」（コジマ）と期待の声は多い。

　十分な商品説明が必要な高機能白物の復活で、地域家電店も息を吹き返している。地域店のフランチャイズチェーン本部、豊栄家電（名古屋市）は「ヘルシオの展示会を実施し、3日間で20台売った店もある。中高年層に受け、既存店売上高も前年を上回っている」（三浦一光社長）という。

　背景には「高くても機能を重視する消費者の意識が強まっている」（ヨドバシカメラ）ことがある。英国メーカー、ダイソンの掃除機は6万円前後と通常の3倍以上だが、吸引力など特徴的な機能で売り上げを伸ばす。

　日本電機工業会がまとめた家電製品の国内出荷台数と金額を基に平均単価を算出したところ、冷蔵庫など白物が2003年を底に反転傾向にあることが分かった。今年1-4月の冷蔵庫の平均単価は前年同期比1.3%上昇し、全自動洗濯機も5.2%上昇した。量販店の店頭価格を調査するＧｆＫジャパンの調べでも2004年度の掃除機の販売価格は2000年度に比べ3.4%上昇している。

（出所）『日本経済新聞』2005年5月27日朝刊より。

●論点

・冷蔵庫と全自動洗濯機のどちらが割高になっていたか。
・商品のコンテンツが一定の場合、一方が割高になれば、販売にどんな影響が出るか。
・家電製品以外の商品に対して、高機能家電ブームはどんな影響を与えていたと考えられるか。

第 3 章

企業の収益

　前章では需要分析の基本を取り上げた。これは**顧客の側**にたって商品をみることである。本章では商品を作る側、つまり**企業の側**にたって市場をみる。これは利益の発生の仕組みについて考察することでもある。

　最初に取り上げる事例はコープさっぽろによって展開された「値上げ戦略」である。ここで提案されている「売れる価格、間違った価格」とは、理論的にはどのような価格のことなのか、よく考えてほしい。

第3章の読み進め方

【1】いろいろな費用概念と利益

　利益を決める売上収入と費用のうち、とくに費用に関するいろいろな概念、用語を紹介する。とくに**限界費用**、**平均費用**はしっかりと理解しておいてほしい。

【2】最適な生産計画

　利益を最大にするためには、どのようにすればよいかを議論する。プライステイカーである場合は、**価格＝限界費用原理**がポイントである。

【3】製品差別化と最適価格の選択

　製品差別化に成功すれば、利益を最大にするような価格と販売数量の組合わせを選ぶことができる。**限界収入＝限界費用**の図式はよく利用されるので使いこなせるようになってほしい。第3節までは基本の基本にあたるので確実に理解すること。

【4】市場細分化と利益機会

　第3節までの知識に基づいて、利益を拡大するにはどのような戦略があるかを学ぶ。まず顧客ごとに異なった価格で販売する**価格戦略**を取り上げ、次に製品を多様化して顧客評価の違いに対応する**製品戦略**を議論する。第4節と第5節は応用編だが、経営戦略に関心をもつ読者には必須であろう。ただし、本章で戦略を議論する際、自社の行動がライバル企業に与える影響や反応は考慮しない（それは第5章のテーマである）。

【5】模倣とニッチ

　製品差別化と競争回避とは正反対の**模倣**によって、真正面から相手との競争を挑む選択が正しいケースを取り上げる。更に、**ブランドの傘**とニッチを考える。

ケース

間違った安売りと決別

コープさっぽろで販売している同社の主力商品の2005年年初の売上高が前年同期の1.9倍に急拡大。この商品の期間損益も2400万円改善して黒字に転換した。

安売り一辺倒をやめて価格を引き上げたところ、目覚ましい効果が上がったのだ。

今から1年以上も前のことだから簡単に値上げが受け入れられる状況ではまだなかった。にもかかわらず、コープは298円だった特売価格を398円へと一気に100円も切り上げた。値上げすれば売れ行きは落ち込むはず。そんな常識が見事に裏切られたからこそ、外資系食品メーカーの社長が「マジック」と驚いたのだった。

「マジックでも何でもない。ロジック（論理）で分かること」

平然と答えたのが、コープさっぽろの専務理事、大見英明だった。

（中略）

「安くすればお客さんは増えるってみんな言うけど、事実は違うんだよ」

大見はこう言うと、冒頭の商品の特売価格を100円値上げできた理由を説明した。この商品は通常748円で販売されていた。時折実施する特売では398円で売り、稀に298円のセールをかけることもあった。大見の見立てでは、通常価格で購入する消費者はほとんどいない。だから特売となるのだが、大半の消費者は398円で購入しており、298円の時だけ買うのは "バーゲンハンター" と呼ばれる10％にも満たない浮動層でしかなかった。

ならば298円の大安売りを狙う浮動層は切り捨てて398円の特売を従来より長い期間展開すれば、売り上げも利益も拡大するはず。特売価格の下限を398円に設定して、その期間を延ばした。その読みがズバリ当たった。

（中略）

日糧製パンは、他社製品の売れ方との格差を分析した。コープさっぽろの品揃えで欠落していた価格128〜138円ゾーンの食パンを新たに投入。売価100円前後の既存の商品から新商品への切り替えを促すことで、売り上げが11％増、平均単価は11円の上昇が見込めると、そろばんをはじく。プリン販売でこれを入れを目指すオハヨー乳業も、3個パックよりも単価押し上げ効果の大きい4個パックを強化する。

（中略）

成功事例を見て、他のメーカーも価格引き上げに続々と動く。6月末に開かれた研究会でも、値上げにつながる提案が相次いだ。

大見はPOSデータを取引先に公開し、知恵を取り込みながら正しい価格を探るというやり方にこだわり続ける。北海道の生協という小売業の周縁で進む実験は、値上げの大前提はお客を知り尽くすことという当たり前の現実を映し出している。

（出所）『日経ビジネス』2006年7月17日、32〜35ページから抜粋のうえ作成。

❶ いろいろな費用概念と利益

　ケースに込められているメッセージは「正しい価格を探る」ということだ。では正しい価格とはどのような価格を指すのだろうか？本節ではまず利益について確認しておくことにしよう。

> **疑問1**　利益の定義は何だろうか？

理論ツール15：利益の定義
　まず売上収入は

$$売上収入＝価格 \times 数量$$

で求められる。
　企業がプライステイカーであれば、価格は市場で決まっているので、生産（＝販売）数量を決めれば収入見通しが確定する。製品差別化が実現している場合は、価格と数量に右下がりの関係が現れてくるが、数量を決めることは、決めた数量が売れるような価格を設定することにもなるので、やはり数量から売上収入が決まってくる。
　いずれにしても生産数量の選択と売上収入を見込むことは裏腹な関係にある。
　利益は

重要！
$$利益＝売上収入－費用$$

である。それゆえ、利益の見通しには売上収入の見通しだけではなく、費用を見通す必要がある。
　その費用だが、生産を増やせば費用も増加し、生産を減らせば費用も抑えられる。とすれば、一定の市場環境の下では、生産数量によって利益見通し

が決まってくることになる。

　要点を整理すると、以上のようになるが、まずいろいろな費用概念を学んでおこう。

> **疑問2**　生産数量が増える時、製品1個当たりの平均費用が低下するのは何故か？常にそういえるのか？

理論ツール16：固定費と変動費、平均費用と限界費用

　まず今期の生産水準のいかんにかかわらず一定の金額を織り込まざるを得ないような費用項目がある。

　たとえば人件費でいえば、残業手当のように状況次第で調整可能な部分もあるが、常勤職員の所定内給与など経営状況によって自在に変更できない部分もある。また土地、店舗等の賃貸料、特許使用料など変更には相当な交渉時間を要する費用項目もある。それに対して、たとえば自動車であれば鋼材、硝子製品など素材、部品に要する経費は自動車の生産数量とほぼ比例して変動する。

　費用合計のことを**総費用**と呼ぶことにすると、総費用は生産数量とほぼ比例的に増減する**変動費**（可変費用）と生産数量とは別に決まってくる**固定費**（不変費用）の2つの部分に分けられる。

重要！　　　　　　　　**総費用＝固定費＋変動費**

　固定費、変動費ともに、商品全体でいくら費用がかかったかを表す合計概念である点に注意してほしい。商品1個でいくらの費用がかかっているかではない。

　商品1個にかかる費用としては、**限界費用**と**平均費用**の2つの概念がある。**限界費用**は商品を追加的に1個生産する時に余計にかかってくる費用のことである[1]。これに対して**平均費用**は、総費用を生産数量で割った値のこ

---

1) 商品の生産を1個減らすときに節約できる費用であるといっても同じである。

とであり、商品1個当たりに平均的にかかっている費用を指す。総費用には固定費が含まれているので、平均費用と限界費用は異なるのが普通である。次の数値例で考えてみよう。

Quiz

以下の空欄に適切な数字を入れよ。また数量が7のときの固定費と変動費はそれぞれいくらか。

数量	0	1	2	3	4	5	6	7
総費用	10	11	12	13	14	15	16	17
限界費用	−	1	1	①	1	1	1	1
平均費用	−	11	6	$\frac{13}{3}$	$\frac{14}{4}$	②	$\frac{16}{6}$	$\frac{17}{7}$

Answer

簡単にするため限界費用は総費用の増分だと定義しよう。生産を1単位[2]増やすたびに総費用は1ずつ増えているので、限界費用は常に1であり、一定となっている。空欄1に入る数字も、当然、1となる。

平均費用の算出法も明らかだろう。

重要!
$$平均費用 = \frac{総費用}{生産数量}$$

で求められる。したがって空欄②に入る数字は**15÷5＝3**となる。

さらに、生産数量がゼロのときの総費用が10となっていることから、固定費が10であることがわかる。固定費は数量によらず常に10だけかかる。数量が7のときの総費用は17だから、変動費は残りの部分、つまり17−10＝7となる。この変動費7は、1個目の限界費用（1）、2個目の限界費用（1）…7個目の限界費用（1）をすべて合計した値と等しいことにも注意しておいてほしい。つまり、限界費用の中身は数量増加にともなって余計にかかって

---

[2] この1単位は文字通りの1個を意味するとは限らない。漠然と1ロットと考えてもまったく問題はない。

くる変動費で占められる。本書では変動費を直接費という場合もある。

❷ 最適な生産計画

当期の利益の観点から最適となる生産計画について考えてみよう。説明をわかりやすくするために次の数字例を取り上げて考えよう。

> 月刊タウン雑誌の編集販売を新たに始めようと考えている。この雑誌1冊の直接費は115円である。ただし、2,000冊／月を超えると材料調達の事情などから1冊に300円かかってしまう。また印刷製作を行うため機材のレンタル料、ビルのテナント料、人件費等をあわせて固定費が11万5千円／月かかることになっている。市場調査の結果、販売価格は1冊230円を予定している。

最初の疑問は販売部数をいくらにすれば利益が最大になるか、である。

> **疑問3**
> (1) 横軸を数量、縦軸を金額とし、売上収入、総費用がどのように変化するかを示すグラフを描きなさい。
> (2) 利益が生じるためには数量をいくら以上にする必要があるか？
> (3) 数量をいくらにすれば月々の利益が最大になるか？

理論ツール17：価格＝限界費用の原理

数量にともなう売上収入と総費用の変化は図表3-1のようになる。

図表3-1では、数量1,000部で売上収入線と総費用線が交わっている。これは、以下の式となるためである。

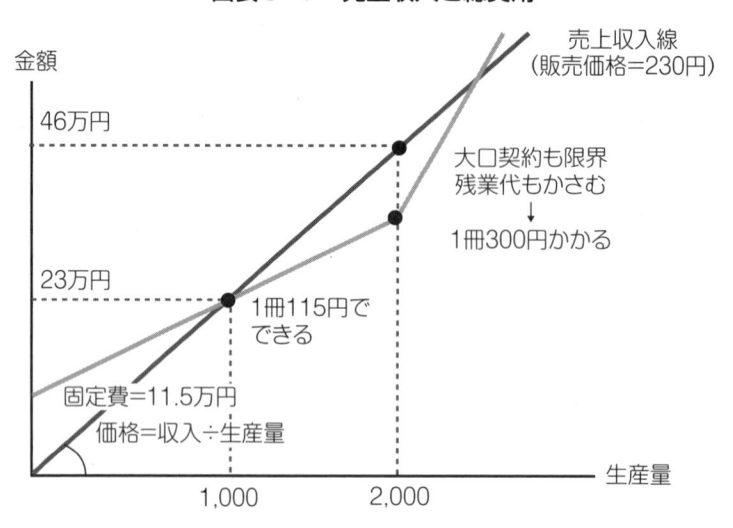

図表3-1　売上収入と総費用

- 売上収入線（販売価格＝230円）
- 46万円
- 23万円
- 大口契約も限界残業代もかさむ → 1冊300円かかる
- 1冊115円でできる
- 固定費＝11.5万円
- 価格＝収入÷生産量
- 金額
- 生産量
- 1,000
- 2,000

収入＝1,000部×230円＝23万円

総費用＝固定費＋変動費＝11.5万円＋1,000部×115円＝23万円

　1,000部未満では、総費用が収入を上回るために利益は出ない。1,000部を超えると収入が総費用を上回り利益が発生し始める。その利益は数量の拡大とともに増加することが図表3-1からわかる。損失の発生から利益の発生へと変わる生産規模という意味合いから、図表3-1の1,000部のような点を**損益分岐点**と呼んでいる。

　しかし、数量が2,000部を超えると利益、つまり収入と総費用の差額が縮小し始めることがわかる。この理由は、2,000部を超えると1冊増やすのに300円かかるようになるためだ。販売価格は230円になっているので、2,000部を超えるとそれ以降、300円かけて作った雑誌を230円で売るというビジネスになる。これでは売れば売るほど損をする。したがって、利益志向の観点から判断すると、この雑誌は毎月2,000部販売するのが最適だという結論になる。

　図表3-2に則して敷衍すると、価格が限界費用を上回っているかぎりは

第3章■企業の収益

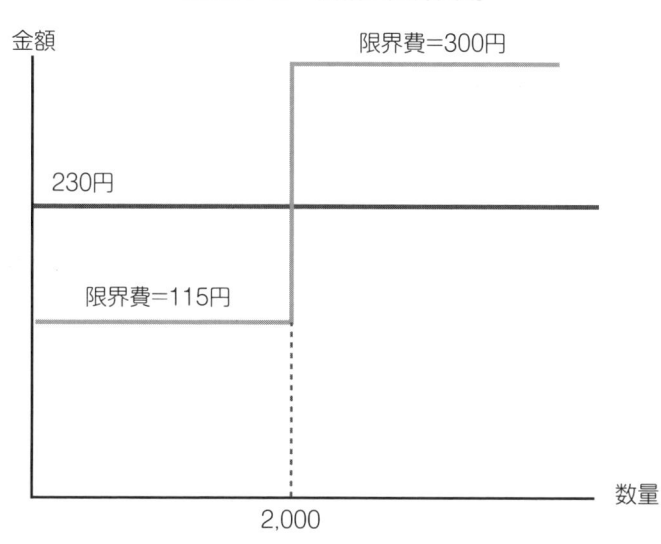

図表3-2　価格と限界費用

（金額）
限界費＝300円
230円
限界費＝115円
2,000
（数量）

生産を拡大し、逆に限界費用が価格を超えれば生産量を落とした方が利益は増えるわけである。これを価格＝限界費用の原理と呼んでいる。

> **疑問4**　疑問3に対する解答のとおり最適生産を行うとき、雑誌1冊当たりの平均費用はいくらになるか？

理論ツール18：価格－平均費用＝平均利益

　平均費用は合計概念ではなく雑誌1冊当たりの概念だから図表3-1のなかで直接示すことはできない。図表3-1の縦軸は費用金額を毎月の合計で示しているからだ。

　図表3-3のように原点から総費用線に直線を引くと、その直線の傾きによって平均費用の高さをみることができる。というのは、平均費用は雑誌1冊当たりの費用、つまり

$$\text{平均費用} = \frac{\text{総費用}}{\text{数量}}$$

であるから、平均費用の高さは原点から点（数量、総費用）へ引いた直線の勾配に対応するからだ。

　このようにして図表3-3をみると、原点から引いた直線の勾配は2,000部のときに最も緩やかになり、それ以外の数量を選ぶと直線の勾配は急になる。このことは数量2,000部において、平均費用が最も小さくなることを意味している。

　平均費用の高低がこのように図のなかで示されることを利用して、固定費がゼロでない場合の平均費用の変動パターンを確かめることができる。まず生産量がきわめて低い場合をとって、総費用の高さを確かめよう。その点に向かって原点から直線を引くと、引いた直線の傾きは非常に急になる。極端な場合、生産量がゼロになると総費用は固定費のみになる。その固定費を生産量ゼロで割ると、平均費用は無限大になる。それは原点から総費用線に引

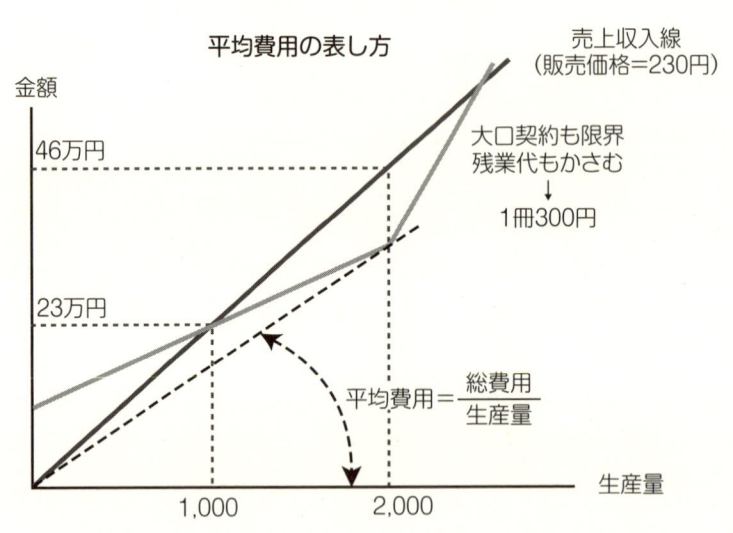

図表3-3　平均費用

平均費用の表し方

金額／46万円／23万円／1,000／2,000／生産量

売上収入線（販売価格＝230円）

大口契約も限界　残業代もかさむ　↓　1冊300円

$$\text{平均費用} = \frac{\text{総費用}}{\text{生産量}}$$

く直線が垂直になることで確かめられる。

　生産量をゼロから増やしていくと原点から総費用線に引く直線の傾きは緩やかになる。つまり平均費用は低下する。しかし、限界費が115円から300円に上がる2,000部を超えると、平均費用は再び上がっていくことが確かめられるだろう。もしも限界費がさらに400円、500円と上がっていくならば、さらに平均費用も上がっていくことが理解できるはずだ。

　このように固定費がゼロでない時の平均費用は、図表3-4に示すように概ね**U字型**の変動パターンを示すことが多い。すなわち、平均費用が最も低くなる生産規模がある。この点を**最適生産規模**という[3]。

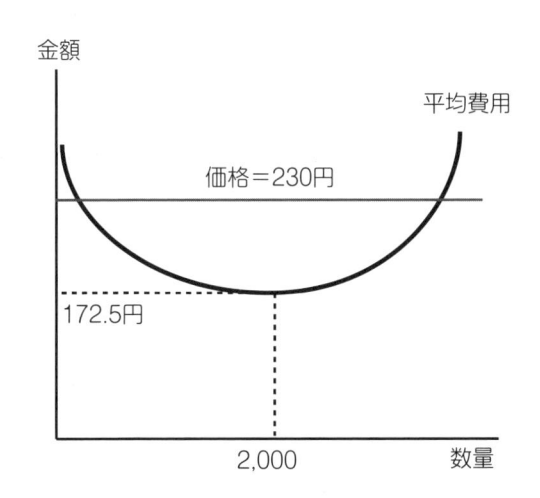

図表3-4　平均費用と価格

（金額：縦軸、数量：横軸のU字型平均費用曲線。水平線で価格=230円、最小点が数量2,000で172.5円）

3）　平均費用に最小点があること自体は理解が容易なはずである。どのような商品であれ、生産費ゼロで生産できるはずがなく、かといって生産が不可能なわけでもなくコストをかければ生産できる。つまり、現在の生産技術から決まってくる最小生産費がある。それがU字型平均費用曲線の最小点である。

第1部　顧客・利益・戦略の基礎

Quiz
　図表3-4には平均費用曲線に加えて、販売価格230円が描かれている。もしもこのタウン雑誌が他の雑誌と激しく競争をしていて、230円よりも高い価格ではまったく販売の見込みが立たないのであれば、この企業が直面している需要曲線は図のように水平になっているはずだ。さて、価格と平均費用が図表3-4のような位置にある場合、販売価格は今後のどのように変化していくことが予想されるだろうか。ただし、自社、競合他社ともコストは同じだと仮定する。

Answer
　2,000部を230円で販売するとき、1冊当たり57.5円の利益が発生する。差別化が難しく競合商品の参入を防ぐことができないのであれば、当然、模倣を試みるライバルがこの市場に入ってくるはずだ。その結果、価格競争を余儀なくされ、最終的にはどの社の雑誌の価格も172.5円ぎりぎりになるだろう。そして各社が概ね同じ部数を販売するようになるはずだ（コモディティ化しており、かつコスト優位に立つ企業がいないため）。

❸ 製品差別化と最適価格の選択

　もし前節で取り上げたタウン雑誌が他の雑誌と差別化されているとすれば価格や利益がどうなるかについて考えてみよう。

> **疑問5**　製品が差別化されているならば市場価格が与えられたものとして販売する必要はない。それはなぜか？

　タウン雑誌が差別化されている状況が図表3-5に示されている。
　図表3-5(a)が示している状態は、他の雑誌と差別化されているタウン雑誌を230円で毎月2,000部販売するのが最適な選択になる場合である。

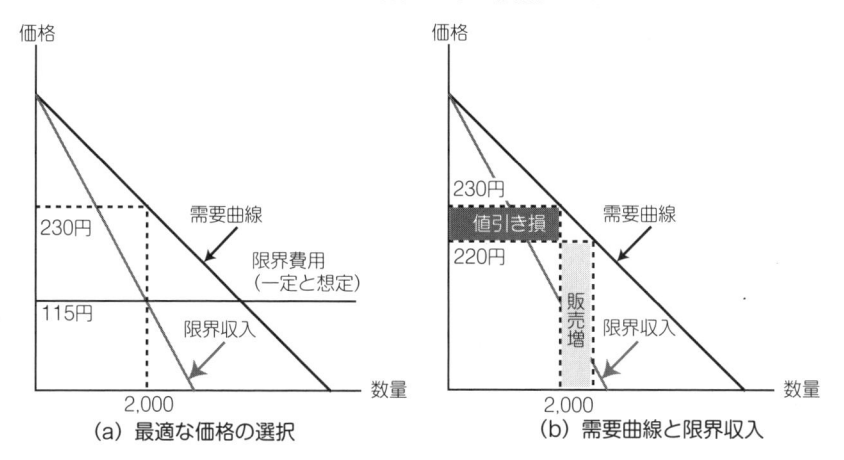

図表3-5　差別化の下の価格と生産

(a) 最適な価格の選択

(b) 需要曲線と限界収入

理論ツール19：限界収入＝限界費用の原理

需要曲線と理論ツール13（50ページ）で取り上げた限界収入との関係を改めて確認しておこう。

もしも製品が競合品と差別化されていないなら、市場価格より高い価格で売ることはできない。そのため市場価格を与えられたものとして受け取るプライステイカーとなる。その場合、商品を1単位余計に売れば市場価格に等しい収入が入ると考える。だからこそ、利益が確保できるなら、つまり価格が限界費用を上回るかぎり、できるだけ多くの商品を販売することが利益につながる。これが完全競争をしているときの行動原理である。

しかし差別化されている場合は、値上げをしたとしても自社製品を買い続ける顧客がいる。ここが完全競争とは異なる。今は全商品を同じ価格で販売する**単一価格販売**を前提しよう。顧客ごとに価格に差を設けることを**価格差別**というが、これについては後述する。

単一価格販売であれば、より多くの数量を販売するには値下げをする必要がある。図表3-5(b)に示されるように、値引きをするとき、多くの数量を売ることによる収入増加とこれまで売れていた分を安い価格で売るための収

入減少の両方が発生する。**限界収入**は販売増加による収入増加から従来販売していた分に発生する値引き損を差し引いた額である。したがって、限界収入は需要曲線の高さよりは値引き損の分だけ低くなる。

図表3-5(a)では、2,000部を230円で販売しているが、そこでは限界収入と限界費用が等しくなっている。限界収入は数量を増やすと価格自体の低下に値引き損の拡大が加わり必ず低下する。それゆえ、もし2,000部よりも多くの製品を販売しようとすれば、必ず限界的に損失が発生し、利益合計が減ってしまう。反対に、より高い販売価格で少ない顧客に売ることも可能だが、そうすれば限界収入は限界費用より高くなる。これは限界的な利益がプラスの状態であり、もっと数量を増やせば必ず利益が増える。

完全競争では限界費用が市場価格を下回るかぎりは、できるだけ多くの商品を販売するのが利益拡大の方策だったが、製品が差別化されていれば、限界収入と限界費用の差が限界利益になる。評価額の高い顧客をターゲットにして価格を引き上げる代わりに数量は抑え気味にする。こうした販売が望ましくなるのが製品差別化のもたらす結果である。

重要！ 　　**限界利益＝限界収入－限界費用**

Quiz

販売しているタウン雑誌が製品差別化されており図表3-5のような状況であるとする。このとき、『1冊115円でできる本を230円で売るより、もっと販売部数を拡大して利益を拡大するのが筋だろう。115円より高い価格で売れれば利益が出るのだから、もっとガンガンいけ！』という意見があったとする。どのように反論したらよいか？

Answer

図表3-5からただちにわかるが、2,000部より多くの部数を販売するには値下げが必要になる[4]。単一価格販売を行う場合、もし価格を115円にまで下

げて部数を拡大すれば、それは115円でできる雑誌を115円で売ることになり利益はゼロになる。販売戦術としては愚策である。

❹ 市場細分化と利益拡大

これまで同じ商品は単一の品質のみで提供し、また顧客、場所、時間帯等を問わず共通の価格で販売すると前提してきた。本節では価格や品質の違いを設けることによって、利益を拡大するチャンスがあることについて考察する。

（1）価格差別

> **疑問6** 顧客の評価額になるべく近い価格で販売する工夫はないだろうか？

理論ツール20：完全価格差別

図表3-6はある銘柄の缶ビールに対する市場需要曲線である。

この商品は280円で販売されているが、実際に購入する顧客は評価額が280円以上のグループだけである。図表3-6には、この銘柄に対する評価額が高いグループから順に、彼らの評価額である500円、400円、300円を書き加えている。

この商品をすべて共通の280円で販売する場合、実際には500円でも購入しようと思っている客に対して220円の値引きを実施していることになる。1本につき220円の利益を失っているわけだ。このように考えると、商品を実際に購入する客は少なくとも価格以上の評価額をもっているはずだから、個別の客ごとに、以下の式で定義される余剰が買い手側に生じている。

消費者余剰＝顧客評価額－販売価格

---
4) この段階では顧客の評価額を上げるような紙面改善などは考慮していない。

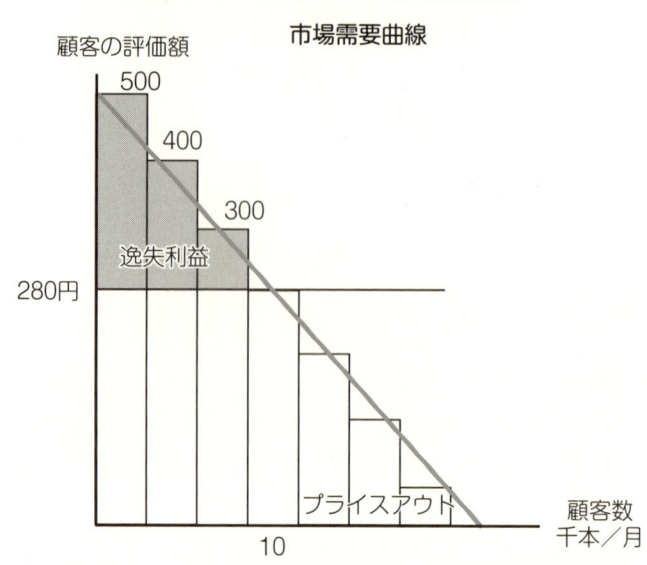

図表3-6　喪失利益と完全価格差別

市場需要曲線

顧客の評価額 500 / 400 / 300 / 280円

逸失利益

プライスアウト

顧客数 千本／月

10

　これは売り手にとっては**逸失利益**となる。この逸失利益を売り手側の利益として吸収する方法を考えるのが**価格差別**である。

　もしも個別の顧客ごとにその客の評価額に等しい価格で販売することができれば、図表3-6から明らかなように、同じ生産費で最大の売り上げ収入を実現することができ、利益は最大になる。これを**完全価格差別**（あるいは第1次の価格差別）と呼ぶ。完全価格差別を実施する場合の利益よりも大きい利益をこの市場から得ることは不可能である。その意味で完全価格差別は、当該市場が企業に与えている利益機会全体を実現する。

　同一商品でも異なった価格が成立しているならば、同じ商品に対して複数の市場が組織化されていることになる。本来は同質の商品の取引市場を複数に分割することを**市場細分化**と呼んでいる。価格差別は市場細分化の1例である。完全価格差別は顧客を1人ひとりに分けて販売するので究極の細分化といえよう。

　価格差別は利益を拡大するが、異なった顧客に対して複数の価格で販売す

ることは実は容易ではない。価格差別を行うにはいくつかの条件を満たしていなければならない。

顧客情報

顧客ごとに評価額を把握しておく必要がある。顧客は売り手から商品を購入するとき、できるだけ安く購入できることを希望しており、支払う意図のある対価は売り手に秘匿するはずである。

転売不能

転売が可能であれば、安く購入した商品を高値で転売する裁定機会が生じる。転売を防ぐ適当な手段がなければ、価格差別はサービス取引に限定されてしまう。

理論ツール21：顧客の意思を活用した価格差別

サービス販売でなくとも、販路、販売方法を複数用意することによって、顧客自らの意志で異なった市場に参加し、同一商品を異なった価格で購入するように誘導できる場合がある。これらを**第2次価格差別**と総称している。たとえば以下のような方法があげられる。

ランダムな廉価販売

頻繁に店舗を訪れたり、口コミなどで情報を伝え合う顧客であればこそ接しうる方法を用いてバーゲンセールを案内する。そうすると価格意識が高く低価格志向の顧客のみには安く、価格感応度の低いその他の顧客には通常価格で販売することができる。これは同一商品を複数の価格で販売する価格差別である。チラシ、雑誌・インターネットを通したクーポン配布による廉価販売も同じ働きをする。

インターネット割引

店舗では比較的高値で販売する一方、インターネットに設けた会員サイトでは低価格で販売している例がみられる。これは販売コストの違いによって

説明することもできるが、価格差別の観点から解釈することもできる。というのは、低価格指向の顧客は価格感応度の低い客よりも熱意をもって探索を行い、会員登録の手間などを惜しまぬ傾向がある。そうした顧客の傾向の違いに着目して市場細分化を図っていると考えることができる。会員登録によって顧客情報を収集し、キャンペーンセールや新発売商品に強い関心をもつ客に対して限定的に案内を行うことも可能になる。

大口販売・スタンプ

　低価格での購入動機をもっている顧客に対してのみ低価格で販売する方法として大口契約があげられる。レストランなどで実施しているスタンプも大口顧客に対する割引価格といえる。

二部料金・価格メニュー

　携帯電話サービスの価格設定は多くのオプションが設けられ非常に複雑である。携帯電話で利用できるサービスの基本部分については比較的低めの基本料金を設定し、付加的なサービスはそれを希望する客ごとに個別に課金を徴収している。また電気、ガスなど多くの公共料金では二部料金制が採用されているが、平均購入価格をとると大口割引価格と同様の効果をもっており、顧客ごとに異なった価格を適用している。

理論ツール22：外形的な価格差別

　顧客の外形的な指標と評価額に関係がある場合、その外形指標によって顧客を区分し、異なった販売価格を適用することができる。これを**第3次価格差別**と呼んでいる。

　外形指標としては性別、年齢等がよく利用されるが、誕生日、出身地、現住所などが用いられることもある。

　たとえば映画のチケット販売で高年齢者に限定して割引価格を適用する「シルバー割引」、曜日を決めて女性向けチケット価格を引き下げる「レディース割引」はその一例である。交通機関の学割も通学生という価格志向の強いグループに対してのみ低価格を適用し、より多くの利用を促す価格差別と

しての一面がある。さらに、タクシーの深夜割増は特定の時間帯に価格を引き上げるものである。これは運転手への配慮という側面もあろうが、むしろ利用者の評価額の違いや価格感応度の違いに着目した価格差別と解釈する方が適切である。

（2）製品多様化

顧客の評価額の違いに基づく価格差別が利益拡大につながることをみてきたが、利益拡大をもたらす方法は価格差別だけではない。商品の品質を単一とはせず複数の製品ラインに分割する製品多様化も顧客評価のばらつきに着目するものである。

> **疑問7** 商品メニューの多様化が利益拡大につながることが多いのはなぜだろうか？

乗用車は車種ごとに複数のグレードが設けられていることが多い。たとえば、トヨタが生産している高級車であるクラウンには図表3-7のような多くのグレードが設けられており、販売価格も広い範囲から選択できるようになっている（2011年時点）。表には掲載していないが、四輪駆動方式も販売されており2010年式のクラウンロイヤルだけでも計11グレードが提供されている。クラウンにはロイヤルサルーンのほかにもクラウン・アスリートが販売され、これも8グレードにわかれている。単一仕様を守り数量を増やす方

図表3-7 トヨタ・クラウンの販売グレード（一部のみ）

グレード	メーカー希望価格
ロイヤルサルーンG	520万円
ロイヤルサルーン	458万円
ロイヤルサルーン	415万円
ロイヤルサルーン・スペシャルパッケージ	345万円

が平均費用を低くするには有利なことが多い。なぜ多品種少量販売で利益を拡大することができるのだろうか。

次の数字例で製品多様化の着眼点と効果を考えてみよう。

理論ツール23：商品メニューと顧客分割

ある自動車販売店にやってくる顧客全体が、「高級車志向」グループと「コンパクトカー志向」グループの2つの層に分割できるとしよう。それぞれのグループに属する客は、乗用車のタイプに応じて異なる評価をする。高級車に対しては、高級車グループは600万円まで支払う意思があるのに対して、コンパクトカー志向層は400万円を超える対価は払わない。またコンパクトカーに対しては、高級車志向グループが280万円を支払うつもりであるのに対して、コンパクトカー志向層は250万円まで支払う意思がある。

簡単に考えるために高級車志向層とコンパクトカー志向層が同一人数いるものと想定する。それぞれのグループ全体を1人と数えても一般性を失わない。

コストについては高級車の限界費用を250万円、コンパクトカーの限界費用を100万円とする。固定費はゼロとしておく。

図表3-8には、以上のように単純化された高級車、コンパクトカーそれぞれの需要と限界費用が描かれている。図は、同じ乗用車の異なったグレードという強い代替関係にある2つの市場について、顧客評価の分布を示している。

この自動車販売店に関して以下のようなシミュレーションが可能である。売り方としては、①高級車かコンパクトカーいずれかに集中した単一販売を行う、あるいは②高級車、コンパクトカー双方を並行販売するという2つがある。

①コンパクトカーのみを単一販売

価格＝250万円→数量＝2台、利益＝2×（250－100）＝300

価格＝280万円→数量＝1台、利益＝280－100＝180

それゆえ、コンパクトカー単一なら価格を250万円に設定して2台を販売

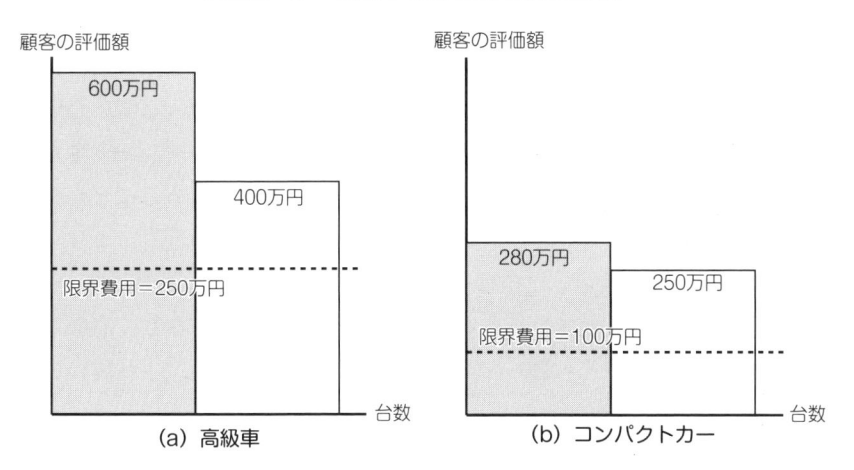

図表3-8　複数車種の市場と顧客評価

(a) 高級車：顧客の評価額600万円、400万円、限界費用=250万円

(b) コンパクトカー：顧客の評価額280万円、250万円、限界費用=100万円

する。このとき、利益は300万円になる。

②高級車のみを単一販売

　価格=400万円→数量=2台、利益=2×(400−250)=300

　価格=600万円→数量=1台、利益=600−250=350

　それゆえ、高級車単一なら高級車志向層にターゲットを絞り価格を600万円に設定して1台を販売する。コンパクトカー志向層はこの販売店からはプライスアウトされてしまう。利益は350万円となる。

　以上のように単一販売方式をとるなら、高級車のみを販売し、ターゲットとしては高級車志向の顧客に限定し、高めの販売価格を設定するという利幅重視の営業を行うのが最適となる。

　では複数車種を並行して販売するとどうか。

③高級車＋コンパクトカーの複数車種を販売

　コンパクトカーの価格=250万円→数量=1台、利益=150万円

　高級車の価格=569万円→数量=1台、利益=319万円

　このとき、利益合計は469万円になる。

高級車単一販売の場合、コンパクトカー志向層は乗用車購入を断念しプライスアウトされていた。コンパクトカーを導入することで、プライスアウトされていた潜在顧客層からも利益を引き出すことが可能になる。但し、製品多様化を行った場合に気をつける点は、上級グレードを購入していた既存の顧客が下級グレードに流出する事態である。そのため高級グレード車を値引きし、購入の際の消費者余剰を増やすことで購入動機を強めることが必要になる。上の③において、高級車の価格を顧客評価（＝600万円）より30万円以上低い569万円と設定したのはこのためである。もしも高級車の価格を600万円に据え置いたままコンパクトカーを250万円で販売すると、高級車志向層にとっても30万円（＝280－250）の消費者余剰が発生し、「お買い得」となるので、多くの顧客が高級車からコンパクトカーへ流れるだろう。

　自動車という単一の商品市場において顧客評価の違いをもたらした原因を考えると、「乗り心地や高級感」あるいは「経済性」という複数の属性が顧客ごとに違った評価を受けたという点があげられる。属性の配合を変えながら製品ラインを多様化し、複数のグレードを設けることは、顧客の求めるものの違いに着目するという点において、インターネット販売と対面販売という複数の販売方式を設けることで市場細分化を実行する価格戦略と似ている。評価額の高いグループを高価格商品市場に、評価額の低いグループを低価格商品市場に誘導し、結果としては市場細分化を実現しているわけである。

❺ 模倣とニッチ

　市場細分化のもたらす利益拡大の可能性について述べてきた。しかしながら、あえて競争を挑む選択こそが自社利益を拡大するための最適な戦略になるケースもある。

　なぜならば、市場細分化の根底にある考え方は、顧客の希望に密着することで自社製品と他社製品との差異を強調し価格競争を回避する、簡単にいえ

ば「競争回避」の考え方に立つからだ。自社がオンリーワンである状況を作った後、顧客の評価額の違いを利用して売り方を工夫する。これが市場細分化が目指す方向である。

本節で取り上げる「模倣」は市場細分化とは反対の戦い方である。

> **疑問8** 図表3-9のようにすでにA店が営業している商店街に、B店が新たに参入しようとしている。どの地点に進出するのがB店にとって最も有利か？

理論ツール24：模倣が有効であるケース

ホテリングの立地モデルの考え方に沿って検討しよう。図表3-9では、ある通りに沿って住民が一様に分布して住んでおり、ちょうど中間点にコンビニA店が営業している。今別のコンビニB店がこの通りに新規出店する計画を検討している。開店を予定している店舗は既存店とほぼ同規模であり、品揃えや企業に対する評判なども既存のA店に劣ることはないと考えている。

住人たちはA店に対して本来は等しい評価額をもっているが、A店まで移動しなければならない距離が増えるほど時間ないし金銭の形で費用が発生す

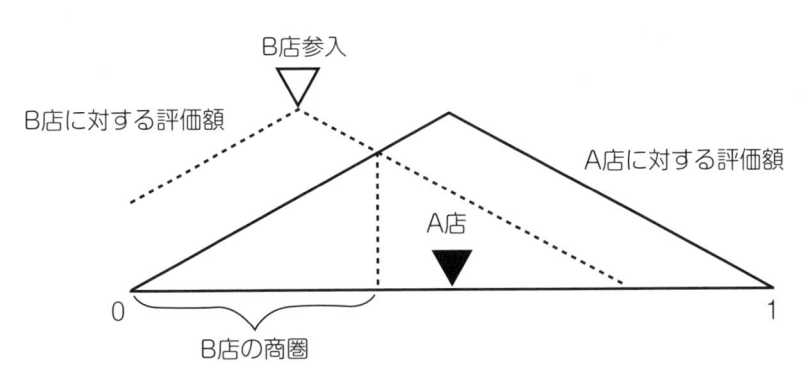

図表3-9 立地モデル

る。したがって、各地点の消費者がA店に対して有している評価額は図表3-9の実線のようにA店のすぐ近くの人が最も高く、離れるにしたがって次第に低下することになる。通りの両端にある消費者にとっては、粗評価額−移動コストが0であり、これ以上遠い場合はA店には行かないことがわかる。

　B店が新規立地する地点の選択は、左端の地点0から右端の地点1までの間で任意の場所を選択できるものとする。では、B店はどの地点を選んで出店するのが最もB店の利益にかなうだろうか。

　競争回避を優先するならばB店は、A店と最も離れた地点、つまり左端、あるいは右端に立地することになる。しかし、実はこの立地選択はB店の利益にとっては最も不利な選択である。正しい選択はA店と同じ地点、具体的にはA店と真向かいに立地するのが最適な選択である。

　その理由は、この通りの消費者がB店に対してもつ評価額に着目すればよい。図表3-9にはA店よりも少し左に寄った地点に出店する場合を示し、B店に対する評価額を点線で描いている。そうすると、B店の進出地点に最も近い消費者の評価額が最も高く、その地点から離れるにしたがって評価額は下がる形になる。

　どの消費者も移動コストを差し引いたネットの評価額が高い方の店で買い物をするはずである。こう考えると、図表3-9の下に「B店の商圏」とあるように、B店が顧客として獲得できる住人の割合は50％未満であることは確実である。既存店のA店と新規出店するB店は同等の競争力をもっていると仮定しているのだから、B店がA店の真向かいに進出すれば、どの消費者にとってもA店とB店の評価額は等しくなり、魅力は同等となる。この通りの住人は、気の向いたときにA店とB店を使い分け、両店は市場を概ね半分ずつで分け合うことになるだろう。

　ここでは立地点の選択を例にとって説明したが、図表3-9が地点ではなく、ある製品の性能を表す指標と考えても同じ話になる。たとえば、PCの性能がCPU速度だけで差別化されているものとし、先行企業は消費者の求

める性能のばらつきのなかで概ね中位の製品を提供しているとすれば、新たに市場に製品を投入する新規企業は既存製品とできるだけ性能の異なったPCを投入するのではなく、あえて同性能の製品をぶつけることが最適な戦略になる。

　このように競争回避が利益拡大にとって常に有効であるわけではなく、あえて攻撃的な**顧客奪取**に打って出るべきケースもあるという結論は大変重要である。

> 疑問9　A店はどのように出店しておけばよかったのか？

理論ツール25：製品多様化とニッチ

　ではA店がB店の参入を防止するためにはどのような方策が考えられるだろうか？住人の評価額に着目して同じように考えてみよう。

　図表3-10は図表3-9を少し修正したものである。企業Aはこの通りに1店舗を配置するのではなく、3店舗で営業している。最も左にある店舗1は比較的品揃えが豊富で顧客の評価額が高くなっている。新たに企業Bが新規出店しようと計画しているが、店舗の予定規模は企業Aの一店舗と概ね同等だとしよう。図に描かれた店舗ごとの顧客評価曲線を、その店の**ブランドの傘**という。

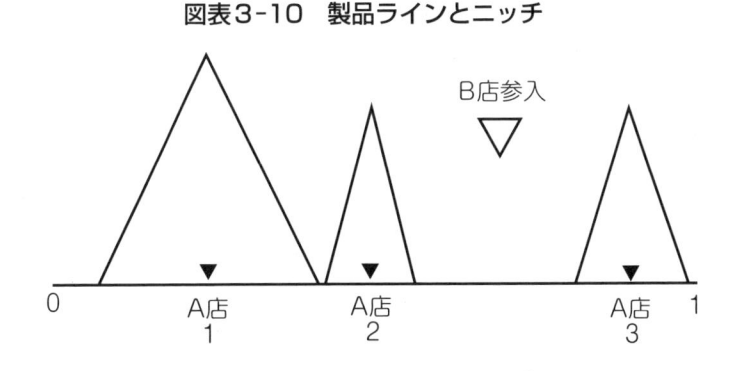

図表3-10　製品ラインとニッチ

企業Aは通りに沿った住人全部を顧客として獲得しているわけではなく、手薄な区域が残っている。この様な「残された顧客層」をニッチと呼んでいる。ニッチにはすき間という意味合いがある。

　もし企業Bが最も規模の大きい店舗1のすぐ近くに出店しても奪取できる顧客は店舗1を利用している客の半分程度である。それよりはこの通りのニッチとして残されている区域に出店をすれば、それほど大きな規模でなくとも、全体の4分の1程度の住人を獲得できるのは確実である。品揃えの充実を努力すれば、企業Aの店舗2、3から一部の顧客を奪うことも可能である。

　以上のような議論は、たとえばデジタルカメラのように低機能機種から高機能機種までを製品ラインとして展開する販売戦略が、なぜライバル企業の新規参入を防止する有効な戦略になりうるのかという、その理由を示唆している。

　もしも単一の機種を販売している場合、たとえ価格差別を有効に実行していたとしても、他企業がほぼ同じ程度の魅力をもつ類似製品を投入してくれば、価格競争が進行し、最終的には低利益でほぼ半数程度の顧客を得るという結果に至る。しかし、多様な機種を同時に販売して多くの**ブランドの傘**の下に顧客を獲得しておけば、他企業がたとえ低価格機種を投入したとしても中位機種、高機能機種を志向する顧客市場への影響は軽微である。競合企業の期待利益はその分低いものとなる。高い利益を得るにはフルセットで一挙に参入することが必要だ。それには大きなコストを支払わなければならない。そのことがまた相手企業に対する自企業のコスト優位性を強化する手段となる。

　立地選択の議論の枠組みで製品ラインの展開を考察できることは大変興味深いところである。

第3章 ■ 企業の収益

コラム

●ビジネスエコノミクスと産業組織論

　本章ではプライステイカーや製品差別化という概念が何度も登場した。なぜ価格支配力があるにもかかわらず、ライバル企業との販売競争で利益が低下するのか。独占的競争の分析は、19世紀から20世紀にかけて、大企業が多くの市場でシェアを高めるなかで、きわめて重要になっていた。経済学者チェンバレン（Edward Chamberlin）（写真右）が主著「独占的競争の理論」（Theory of Monopolistic Competition）を刊行したのは1933年だ。製品差別化や価格支配力という概念、限界費用と限界収入の均等化原理、企業による最適価格と最適数量の同時決定の図式など、寡占化市場の分析方法の多くを私たちはチェンバレンに負っている。

　チェンバレンの仕事を基礎として、彼がいたハーバード大学では今日「産業組織論」と呼ばれる応用経済学分野が花開いた。メイスン（Edward S. Mason）やベイン（Joe S. Bain）が確立した産業組織論では、いわゆるSCPパラダイムという見方がとられる。それは市場の集中度や差別化の度合い、参入障壁などの市場構造（Market Structure）が、各企業の行動パターン（Performance）を決め、それが利益率や市場の成長などの成果（Conduct）に反映されるという分析手順を指す言葉だ。

　著名な経営学者であるマイケル・ポーター（Michael E. Porter）（写真右）が、ハーバード・ビジネススクールで展開した"5 Fs"分析-Five Forces-は、同業他社との競争に加えて、売り手の交渉力、買い手の交渉力、新規参入の脅威、代替品の脅威という5つの要因から業界構造をとらえようとする。ポーターは、それ以前に有力な手法であったSWOT分析（強み：Strength、弱み：Weakness、機会：Opportunity、脅威：Threatで整理する手法）に代わるものとして"5 Fs"分析を提案したのだが、その土台には産業組織論のSCPパラダイムがあった。

写真：ハーバードビジネススクールウェブサイトより。

第1部　顧客・利益・戦略の基礎

【一歩進んだ補足】
　図表3-5では簡略化するために価格と数量を直線

$$p = a - bq$$

で表している（p：価格、q：数量）。収入Rは

$$R = pq = (a-bq)q = aq - bq^2$$

　限界収入は数量を1単位増やす場合の収入変化だから数学的には収入を数量で微分したものになる。したがって、

$$\frac{dR}{dq} = a - 2bq$$

となる。傾きを需要と限界収入で比べると、重要では$-b$、限界収入では$-2b$になる。このように需要曲線が直線である場合、限界収入線の傾きは需要曲線の2倍になる[5]。

---

[5]　現実には価格と数量の関係は直線のように簡単ではないが、仮に直線で近似すれば限界収入の傾きは需要曲線の2倍になるということは知っておくと便利である。

第3章 ■ 企業の収益

━━━━━━━━ **練習問題** ━━━━━━━━

問1 図表3-1において2,000部を販売するとき、毎月どれほどの利益が発生しますか。
（答：11.5万円）

問2 本文で取り上げたタウン雑誌市場に関心をもっているある企業が参入を検討していることを耳にしました。紙面構成はほぼ自社商品と同じですが、その企業の限界費用は資材調達の遅れなどから180円程度になるのではないかと憶測されます。自社がとるべき販売戦略について考えなさい。
（ヒント：180円に価格設定するのは効果的でしょうか？）

問3 あるスーパーが大手トイレットペーパー（NB）製品を店頭価格500円（12ロール当たり、以下同じ）で販売しています。今NB製品とは別にPB製品を発売することを検討中です。「高級品志向」と「廉価品志向」の各消費者による商品ごとの評価額（＝留保価格）、商品ごとの限界費用（＝仕入れ価格）が以下のようにわかっています。

顧客評価		NB製品	PB製品
	高級品（NB）志向グループ	600	400
	廉価品（PB）志向グループ	500	350

限界費用　NB製品　300　　　PB製品　200

高級品志向、廉価品志向の消費者がそれぞれ1人いるとして、以下の設問に答えてください。

(1) 従来の価格設定は最適でしたか。
（答：最適だった）

(2) NB製品の取り扱いをやめ、すべてPB製品に置き換える場合は、いくらで販売することが適当ですか。また、そのときの利益を示してください。
（答：350円、300円）

(3) NB製品とPB製品の両方を販売するとして適切な価格と利益を求めましょう。
（ヒント：価格設定で顧客分割をはかってください）
(4) PBを導入するべきか、断念するべきかを答えましょう。
（答：断念する）

───── 研究課題 ─────

　近年、流通、金融などの非製造業で寡占化が進む例が多く観察されます。その理由について考えなさい。

討論の課題

> 以下に引用したのは、2005年秋に鋼材市場でとられた減産調整である。販売価格と数量の関係に着目している点では、本章のはじめにあるケースと同じ観点から考察すればよい点に目を向けてほしい。

　高炉メーカーが汎用鋼板の減産を相次いで強化する。ＪＦＥスチールは27日、輸出向けの減産拡大に加え、国内向け生産量も新たに絞ることを決めた。今年度下期の減産規模は1,300,140万トンに達し、上期（50万トン）の3倍近い。新日本製鉄も下期の減産量を上期の2倍に増やす。国内を含めたアジアで在庫調整が遅れ、価格下落圧力が高まっていることに対応する。

　ＪＦＥは産業機械や建築分野、自動車用部品に使う汎用鋼板を、下期に輸出向けで100万トン、国内向けを300,140万トンそれぞれ減産する。国内向けは年内に前倒し実施する。輸出向け減産の強化で「アジアの在庫調整は来春までに一巡する」（矢島勉常務執行役員）と見込んでいる。

　高炉では新日鉄が下期に輸出向けと国内向けをそれぞれ50万トン減らすほか、住友金属工業も各5万トンずつの減産を計画している。上期の減産は新日鉄が50万トン、住金が5万トンで、いずれも輸出向けにとどまっていた。神戸製鋼所も「在庫増に対応する必要がある」としている。

　減産強化の背景には国内を含むアジア市場全体で在庫調整が遅れ、市況軟化が進んでいる事情がある。日本鉄鋼連盟によると、国内では薄鋼板のメーカー・流通在庫が4月末から5カ月連続で増え、8月末には4,651,000トンと4年ぶりの高水準に膨れ上がった。
（中略）
　自動車のボディーや家電の外装材に使う高級鋼材は日本の高炉メーカーが強みを持ち、活発な需要と原料高によって大幅な値上げが実現した。だが汎用鋼板は増産が続く中国製の安値品が流入。熱延薄鋼板の店売り（一般流通）市場価格は5月までの1トン8万円をピークに、現在は74,500円に下がっている。

（出所）『日本経済新聞』2005年10月28日朝刊より。

第1部　顧客・利益・戦略の基礎

●論点

・国内鉄鋼メーカーが減産する目的は何か。
・鉄鋼の市場価格が下がったことが原因になって減産を開始したと解釈してよいか。
・国内鉄鋼メーカーがほぼ同期間内に相次いで減産を行う（協調する）動機を考えなさい。

第 4 章

企業経営のゲーム論

　製品差別化がされている場合でも、何社かの寡占企業が生産する競合商品どうしで激しい競争が展開される。ある企業が行う意思決定は残りの企業の行動に影響を与える。このような市場構造の下では、自らの行動がライバル企業に与える**直接効果**とライバル企業の対抗措置が自社商品に跳ね返ってくる**戦略効果**の両方を考えなければならなくなる。

　このような状況を分析するうえで大変有効な理論ツールが**ゲーム論**である。ゲーム論を活用することにより、利害関係者のとる行動の帰結を予想できることが多い。本章ではゲーム論の基本を紹介する。

　本章のケースはデジタル家電の年末商戦である。毎年の年末商戦は季節的に反復されるものとはいえ、1回限りの商機にかける側面もあり、その意味ではワンショットゲームとして特徴をとらえることができる。

第4章の読み進め方

【1】ゲーム論の基本

1節では、ゲーム論で常用する基本的な用語、概念をまず取り上げている。**プレーヤー、戦略、利得表（＝利得関数）**は、その意味をしっかりと把握してほしい。

【2】ゲームの解　ナッシュ均衡

1節のもう1つの要点は、ゲームの結果を予測することである。ゲームの結果を予測できるとき、ゲームには解がある、という。**支配戦略とナッシュ均衡**は2つの重要な着眼点である。囚人のジレンマによって個別合理性と集団合理性が合致しない場合のあることを確かめてほしい。

【3】ゲームの表し方

1節では、ナッシュ均衡の理解が目的だが、ナッシュ均衡を確認するには利得表を用いた**標準型**のほかに、ツリー図を用いた**展開型**も便利である。とくに展開型でゲームを表すことによって、2節のコミットメントの分析が容易になる。

【4】コミットメント

2節の要点は**コミットメント**である。ゲームの結末はナッシュ均衡のとおりになるだろうと予想できるが、自分自身の行動に関する相手の予想に影響を与えることによって、自分にとって一層有利な状況を実現できる可能性がある。それがコミットメントという概念である。コミットメントは経営戦略では鍵となるので確実に理解してほしい。2節までは、初学者にとって必読である。

【5】繰り返しゲーム

3節では、とるべき戦略を何度も選択しなおす機会が与えられている場合を取り上げる。期限が定められていない無期限繰り返しゲームでは、フォークの定理が当てはまることをみてほしい。

ケース

年末商戦、価格下落に拍車

需要1.5倍に

年末商戦の目玉となるデジタル家電の価格下落が拍車が掛かっている。プラズマテレビ最大手の松下電器産業など上位メーカーが一段のシェア獲得を目指し販売攻勢を強め、これに下位メーカーが値下げなどで対抗しているためだ。ボーナス増による購買意欲の高まりや地上デジタル放送などの普及を受け、主要製品の需要拡大は続くが、消耗戦についていけない三洋電機など一部には事業縮小や撤退の動きも出始めた。

年末商戦の目玉となる薄型テレビは国内需要が旺盛だ。今年度の液晶テレビの販売台数は前年度比1.5倍、プラズマテレビは1.7倍に膨らむ見通し。今冬は地上デジタルを受信できる世帯が全体の約57％に拡大し「地方で大画面テレビが売れる」（シャープ）と見る。

一方で店頭価格の下落は加速する。日本経済新聞社が都内の大手量販五店舗で売れ筋機種の実勢価格を調べたところ、シャープの32型液晶テレビ「アクオス」が約22万3千円で、一年前に比べ3割近く安い。普及の目安とされた「1インチ＝1万円」を下回り、「1インチ＝5千円」時代をうかがい始めている。プラズマテレビでは松下の42型「ビエラ」が約32万9千円で1割強下がった。

過去最大規模の販促

背景にあるのは下位メーカーや安価な輸入品も含めた販売競争の激化。プラズマテレビでは日立製作所が販売支援に昨年の倍の1千人を動員。広告も含め過去最大規模の販促に乗り出した。これに対し松下は数量増によるコスト削減を進めると同時に、省エネや画質向上を進め、市場の日立や音楽プレーヤーの日立や音楽プレーヤーの生産を停止し、三洋も携帯音楽プレーヤーなどの生産を停止。オリンパスなどが携帯音楽プレーヤーンを停止。プラズマの一部ライアはプラズマの一部ライる動きもある。パイオニ値下げ競争から脱落する。

千～5千円下げるという異例の値下げに踏み切った。

同時に価格も発表より2月19日、新製品の発表とシェア2位のソニーは11年の2倍の見込みだが、同じだ。年末の出荷は昨音楽プレーヤーも構図はタが市場を席巻する携帯米アップルコンピュー

発売と同時に値下げ

のソニーなどにとって今年末はトップとの差を縮める正念場となる。

（出所）『日本経済新聞』2005年12月4日朝刊より。

1 ゲームの解

　複数の企業が競争する結果として、ときに当事者である企業のいずれもが望まない結果がもたらされてしまうことがある。たとえば販売拡大のために果てしない安値競争が進んでしまう状況はその好例である。どの当事者も望まない状況に結果として陥り、どの当事者もがその状況から脱したいと希望しながらも、結果として何も状況に変化は生まれない。このような経験は企業ならずとも経験することがある。なぜこうしたことが起こるのか？ゲーム論は**非協調ゲーム**と**協調ゲーム**に大別されるが、本章で取り上げるのは非協調ゲームの方である。

> **疑問1**　ある地域に2つのスーパーA、Bがあり、それぞれ安値攻勢をかけて顧客を奪うか、それとも高値を維持してマージンを確保するかで悩んでいる。状況は2つのスーパーがいずれの戦略を採用するかで4つに区分される。それぞれの状況に応じてスーパーAとBが獲得する利得が変化する。それは以下のようだとする：
> **Aが安値、Bが安値**　A、Bとも0の利益を得る。
> **Aが安値、Bが高値**　AはBから顧客を奪えるのでAが60の利益を得て、Bは10の損失を被る。
> **Aが高値、Bが安値**　BはAから顧客を奪えるのでAが10の損失を被り、Bは60の利益を得る。
> **Aが高値、Bが高値**　A、Bとも40の利益を得る。
> 　このような状況におかれたスーパーAとスーパーBの競争はどのような結末を迎えるだろうか？

理論ツール26：ゲームの表現＝標準型
　ゲーム論では、利害関係者をゲームへの参加者と解釈し、それらの意志決

定主体を**プレーヤー**と呼んでいる。各プレーヤーの意志決定の組み合わせによって、いろいろな状況が生まれ、各々の利益は変化する。各プレーヤーの意志決定を**戦略**、各主体の戦略の組み合わせとそれぞれの利得との対応のことを**利得関数**と呼んでいる。

最も簡単なゲームは、プレーヤーが2人の場合で、とりうる選択肢が2つのみの場合である。この例題は、**囚人のジレンマ**と呼ばれるケースであり、参加者の誰もが望んでいない状態が結果としてもたらされる。

プレーヤーの数が2である場合、利得関数は図表4-1のように各プレーヤーの戦略でクロスさせた表にできる。表形式にしておくと、考察を進めるのに大変便利である。

図表4-1 利得表

		プレーヤー2	
		安値	高値
プレーヤー1	安値	(0, 0)	(60, −10)
	高値	(−10, 60)	(40, 40)

図表4-1のそれぞれの枡目には2社のプレーヤーの利得が(プレーヤー1の利得、プレーヤー2の利得)という順序で示されている。プレーヤー1の戦略は表の左側、プレーヤー2の戦略は表の上に配置するのが習慣である。このように各プレーヤーがとる戦略の組み合わせごとにどのような利得の配分になるかを表の形にしたものを**利得表**あるいは**利得行列**という。

ゲームの内容を表現するには**標準型**と呼ばれる方法と**展開型**と呼ばれる方法がある。標準型とは利得表による表現である。

このゲームに参加するスーパー2社は、それぞれの状況で発生する利益見込みを互いに共有しているが、各自の戦略は相手の出方を知ることなく、同時に決定するものとしよう。この種のゲームを**情報完備・同時手番ゲーム**と呼んでいる。「情報が完備である」とは、利得行列のように双方の戦略と各

組み合わせに応じた結果について共通の知識をもっているという想定である。「同時手番」であるというのは、交互に戦略を選択し、相手がそれを確認しながらゲームが進行するのではなく、じゃんけんのように相手の選択を知らずして、利得表だけに基づいて自らが最も有利だと思われる手を選択するゲームを指す。上の例題は、最もシンプルなゲーム状況であり、ゲームの結果を合理的に推理するには最適な素材である。

理論ツール27：ゲームの解＝ナッシュ均衡

　図表4-1からわかるように、スーパーAとB双方にとって共同の利益を最大にする選択は双方が高値を維持するという戦略である。このとき、双方は共同利益80を半分に分け、利益40ずつを得る。

　しかしながら、双方が高値戦略をとるという状況は不安定であって、継続可能性をもたない。なぜなら一方が「抜け駆け」をして安値戦術をとれば、利得は60となり、40よりは増えるからである。スーパーA、B双方とも「値下げをして自社利益を拡大したい」という戦略変更への**誘因**をもっている。

　ではA社が値下げをすればどうか。A社は60の利益を獲得できそうである。しかし結果はそうはならない。なぜなら、B社はA社が自社利益拡大のために安値戦術を選択するとわかっているはずであり、B社が甘んじて損失−10を被ると予想するのは不合理だからだ。当然、B社も安値戦術をとり、最終的に双方が選択する戦略は（安値、安値）の組み合わせになる。しかしこの状況では双方が得る利得は（0、0）である。すなわち、価格競争の果てに双方の利益はゼロになってしまう。各プレーヤーが自己の利益拡大を優先させるかぎり、結果はこうならざるを得ない。

　このようにプレーヤー全体の共同利益の拡大と個別プレーヤーの自己利益の拡大が合致せず、結果として全員の利益を損ねてしまうのが**囚人のジレンマ**と呼ばれる現象であり、必ずしもゲーム参加者が2社に限ったことではない。囚人のジレンマとは、一般に**個別合理性**と**集団合理性**が矛盾する状況を指す言葉である。

ここで**最適反応戦略**の概念を取り上げておく。これは、他のプレーヤーたちの―とくに2人ゲームでは相手の―戦略に対して、自分が最も有利になる戦略のことである。たとえば、B社が安値をとれば自社（A社）は安値をとる方が利得が大きい（安値なら0、高値なら-10）。もしB社が高値をとれば、自社はやはり安値をとるのが合理的だ（安値なら60、高値なら40）。つまり自社（A社）は相手（B社）がとる戦略が何であるかによらず安値戦術を採用するのが最適反応戦略になる。このような場合、A社にとって「安値」は**支配戦略**であるという。あるプレーヤーに支配戦略があると、そのプレーヤーの選択は支配戦略以外にはならないはずであり、他のプレーヤーはそのプレーヤーの出方を事前に先読みできる。

疑問1のポイント

実は、図表4-1をみるとB社にとっても「安値」が支配戦略になっていることがわかる。

したがって、この利得表の下ではスーパーA、Bとも必ず安値で販売することになる。それは両者が望む状況ではないが、双方とも戦略変更の誘因をもたない。なぜなら自らの戦略を変更すると必ず利益が減少すると思うからである。その意味で、（安値、安値）という状況は安定的である。このように、各プレーヤーの戦略が残りのプレーヤーの戦略に対する最適反応戦略になっているとき、その組み合わせを**ナッシュ均衡**という。参加者すべてに支配戦略がある場合、ゲームの結果は簡単に予測できる。支配戦略の組がそのゲームのナッシュ均衡になる。

Quiz

ある犯罪の容疑者として2人が逮捕され取り調べを受けている。2人が完全に黙秘していれば証拠は少なく起訴されるとしても刑罰は軽いものですみそうである。しかし、すべてが明らかになれば重罰を免れない。担当の刑事は自ら自白をして捜査に協力すれば、刑罰は軽くなるだろうと伝えた。具体

的には下のような利得表が容疑者に対して明らかになった。

		プレーヤー2	
		自白	黙秘
プレーヤー1	自白	(5, 5)	(1, 10)
	黙秘	(10, 1)	(2, 2)

2人はどのように行動するか。ただし、表のなかの数値は刑務所に入る年数を表す。

Answer

文字通りの囚人のジレンマである。刑務所に入る年数は短い方がよい。プレーヤー2が自白するとすればプレーヤー1も自白する方が有利である。またプレーヤー2が黙秘するとしてもプレーヤー1は自白する方がよい。したがって、プレーヤー1にとっての支配戦略は自白することである。同じ理屈がプレーヤー2にとってもあてはまる。それゆえこのゲームのナッシュ均衡は2人とも自白することである。

2人にとっての共同の利益はそろって黙秘することであるにもかかわらず、個人的利益を求める結果、2人にとって望ましくない結果がもたらされるという意味で「囚人のジレンマ」に該当している。

疑問2 じゃんけんの勝敗は、たとえば以下の利得表で表現できる。

		プレーヤー2		
		イシ	ハサミ	カミ
	イシ	(0, 0)	(10, −10)	(−10, 10)
プレーヤー1	ハサミ	(−10, 10)	(0, 0)	(10, −10)
	カミ	(10, −10)	(−10, 10)	(0, 0)

じゃんけんで最も有利な手の選択はあるのだろうか？

支配戦略 vs 混合戦略

　支配戦略は常に存在するわけではない。この例題で取り上げた「じゃんけん」では、誰でも知っているように、「相手の手とは関係なく、この手を出すのが最善である」という出し方はない。たとえばプレーヤー2がハサミを出すのであれば、プレーヤー1はイシを出せば勝てる。しかし、プレーヤー2がカミを出すならプレーヤー1はハサミを出さないと勝てない。プレーヤー2が選ぶ戦略によってプレーヤー1がとるべき戦略は変わる。双方とも支配戦略はなく、相手の出方を先読みする必要がある。

　じゃんけんでは支配戦略は存在しないのだが、ナッシュ均衡は存在するだろうか。上の利得表をみるかぎりナッシュ均衡は存在しないように思われる。しかし戦略概念を**純粋戦略**から**混合戦略**に拡張することによって、一見ナッシュ均衡が存在しないように思われるゲームにも実はナッシュ均衡があることがわかっている。

　純粋戦略とは、これまで述べてきたような単一の選択肢をとるという戦い方である。「じゃんけん」にはイシ、ハサミ、カミという3つの選択肢があり、とりうる純粋戦略は3つ存在する。混合戦略とは、それぞれの純粋戦略をどのような頻度で実行するのか、その頻度の決定である。頻度を確率と呼んでも意味は同じである。

　混合戦略まで含めて考えると、じゃんけんの場合、イシ、ハサミ、カミを3分の1ずつの確率で無作為に選ぶ戦略が最適である。なぜなら相手がイシを比較的多く出す戦略をとっていることがわかれば、自分はカミを出す確率を高くすることによって、勝つ確率を50％以上にできるからである。相手に自分の出す手を先読みされる機会を与えれば、相手は必ずそれに応じた最適反応戦略を採用し、有利な結果を引き出すことができる。したがって、特定の手を頻繁に出す戦略の組み合わせは、必ず相手と自分に戦略変更の誘因を与える。双方とも出す手を予測できない、すなわち3つの手を同じ確率で出す場合にだけ、双方とも戦略変更の誘因がなくなり、各主体の戦い方が決まることになる。これが混合戦略まで含めた場合のナッシュ均衡である。

次の結論が数学的に証明されている[1]。

> **重要!** 戦略の数が有限個のとき、ゲームには必ずナッシュ均衡がある

ナッシュ均衡が2つ以上ある場合は**複数均衡**という。複数均衡の場合、どちらの均衡が選択されるかという問いかけは、ナッシュ均衡という概念だけでは回答を引き出せない。

章末問題の問1および問2は複数均衡の一例である。たとえば問1では男女のカップルはある方法で選択を決めている。どんな方法が思い浮かぶか？この点についても考えをめぐらせると、ゲーム論の感覚がより深く理解できるだろう。

> **疑問3** 疑問1で取り上げたスーパーA（プレーヤー1）とスーパーB（プレーヤー2）のうち、まずスーパーAが先手を切って安値で販売するか、高値で販売するかを決めようとしている。スーパーBはスーパーAのやり方をみてから自らの対応を決める。このような進展は**交互手番型ゲーム**と呼ばれるが、ゲームの結果は疑問1のような**同時手番型ゲーム**と違ったものになるだろうか？

理論ツール28：ゲームの表現：展開型

展開型で表現すると、ゲームは同時手番ゲームではなく交互手番ゲームになる。ゲームの表現に展開型を利用すると明らかになることは多い。

交互手番ゲームでは、いずれかのプレーヤーが先手（A）となり最初に戦略を決定し、次に他のプレーヤーが後手（B）となり戦略について意志決定する。さらにAがBの決定を確認してから2回目の戦略を決める、……のように交互に意志決定を繰り返しながらゲームが進行していく。もしも一連の決定について最適な選択が各プレーヤーに存在すれば、このゲームには解が

---

[1] ここで取り上げた「じゃんけん」では、相手の利得と自分の利得の和が常にゼロになっている。つまり自分の得は相手の損というゲームである。このようなゲームを**ゼロサムゲーム**と呼んでいる。

あることになる。

まず前節で取り上げたスーパーA、Bの販売ゲームを展開型で表現してみよう。展開型では図表4-2のように、どちらか一方のプレーヤーによる戦略決定を1つの結節点とするツリー図によってゲームが表現される。

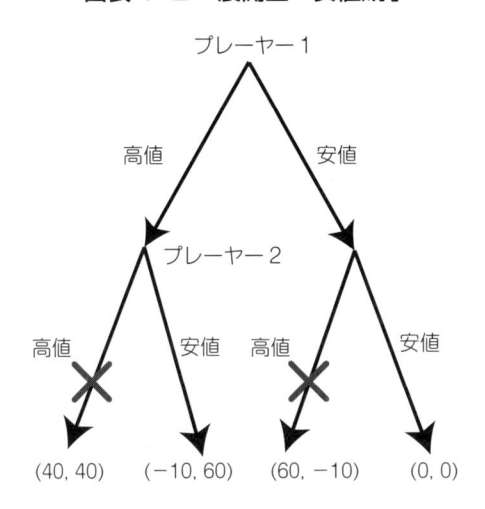

図表4-2　展開型－安値競争

```
                プレーヤー1
              /           \
           高値             安値
            ↓               ↓
         プレーヤー2        プレーヤー2
         /     \          /      \
       高値    安値      高値    安値
        ✕                 ✕
      (40, 40) (-10, 60) (60, -10) (0, 0)
```

図表4-2では、プレーヤー1（スーパーA）が先手となっている。つまりスーパーAが先に「高値」か「安値」かを選択する。その決定を確認したうえで、次にプレーヤー2（スーパーB）が「高値」か「安値」かを選択する。

先手、後手の順番に相手の選択を確かめながら意志決定を行っていくので時間の経過とともに結末がしぼりこまれていく。展開型で表現されるゲームは**動的ゲーム**だが、ここでは**完全情報**、すなわち後手となるプレーヤーは先手のとった戦略が何であるかを正確に知っていると想定する[2]。動的ゲーム

---

2) たとえば将棋や碁は相手の手がすべてわかっている完全情報ゲームである。しかし、ビジネスの現場においては、競合企業がとる戦略が正しくわかっていることは少ない。これを不完全情報ゲームという。不完全情報ゲームの場合は、相手がとっている戦略を相手の行動から確率的に予測し、自らの利得を期待値ではかる。これをベイジアンゲームと呼んでいる。

における戦略とは、各段階で自分が行った意志決定とそれに対する相手の反応によって決まる各状況でどのような意志決定を行うかという一連の**行動計画**を指す。

展開型のゲームの分析では、**後ろ向きの推論**を行うと便利である。つまりツリー図の下の方からプレーヤーの選択を絞り込んでいくとゲーム全体の結末が予想できる。

図表4-2で、先手の戦略が与えられたと仮定して後手の戦略を考えよう。もし先手であるプレーヤー1が高値戦略をとるならば、後手であるプレーヤー2が得られる利得は60（安値）か40（高値）のいずれかである。それゆえ後手は必ず安値戦術をとり、高値を選択することはない。このように後手がとるはずのない選択には図表4-2で×印を付している。もし先手が先に安値をとる場合は、後手が高値（利得は-10）をとることはなく、必ず安値（利得は0）をとるはずである。

このように後手の反応は最初から明らかなのだから、先手となるプレーヤー1は、これらを考慮に入れたうえ、自らの利得を大きくするように意志決定をすればよい。先手が得られる利得機会は0（安値）か-10（高値）だから、より利得の大きい安値を選ぶことになる。

結局、標準型で考察したときと同じ結論になるが、支配戦略が双方に存在する以上、これは当然である。とはいえ、展開型を使ってゲームを分析すると、ナッシュ均衡以外に、自らにとってもっと有利な状況を実現する方策を検討する余地が生じてくる。これが「コミットメント」という概念である。

❷ コミットメント

> **疑問4** 図表4-3の利得表を考える。これはある地区でスーパーを営業しているプレーヤー1と同地区に新規出店を検討しているプレーヤー2の利得を表している。

(1) ナッシュ均衡はあるだろうか？
(2) スーパーAがプレーヤー1として先手をとり、最大利得である70を得る方策はないだろうか？

図表4-3　新規参入と価格競争

		プレーヤー2 参入	プレーヤー2 不参入
プレーヤー1	高値	(50, 100)	(70, 0)
	安値	(0, −10)	(50, 0)

理論ツール29：コミットメント　VS　空の脅し

図表4-3において（高値、参入）という組み合わせがナッシュ均衡になっていることは容易に確かめられよう。とくに理由がなければ、この状態から戦略を変更しようという動機は、いずれのプレーヤーも有しない。しかし、プレーヤー1にとって最も望ましい状況はプレーヤー2が参入をせず、自らは高値で販売を続けることである。

図表4-4　戦略としてのコミットメント

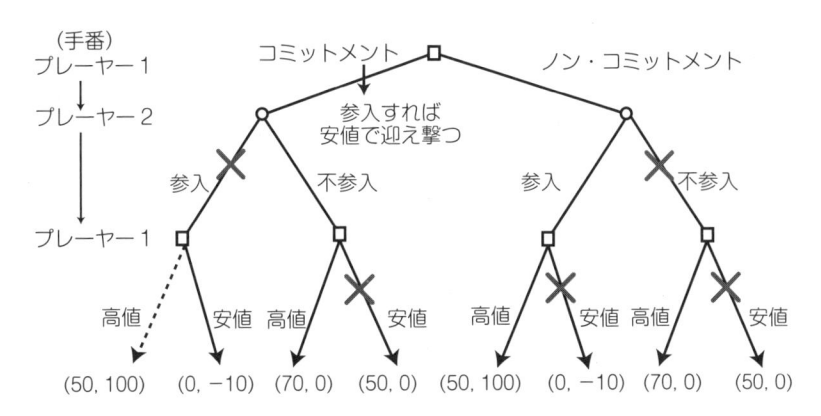

(手番)
プレーヤー1
プレーヤー2
プレーヤー1

コミットメント　　　　　　　　　ノン・コミットメント
参入すれば安値で迎え撃つ

参入　不参入　　　　　　　参入　不参入

高値　安値　高値　安値　　　高値　安値　高値　安値

(50, 100)　(0, −10)　(70, 0)　(50, 0)　(50, 100)　(0, −10)　(70, 0)　(50, 0)

ここでプレーヤー1が最初に「参入してくれば安値で迎え撃つ」と声明するとしよう。これは図表4-4のような展開型でゲームを表現すると1つの戦略になっていることがわかる。自分の行動をあらかじめ縛ることで相手の意思決定に影響を与えようとするこのような行為をゲーム論では**コミットメント**と呼んでいる。

　もしもプレーヤー1が何のコミットメントも出さないならば、プレーヤー2は後ろ向き推論によって相手（プレーヤー1）の最適反応戦略を先読みして、それを考慮したうえで、この市場に参入してくるはずである。それに対して、プレーヤー1が先手を打って、「参入に対して安値で迎え撃つ」という行動方針を明らかにし、その戦略を変更する余地がないと相手が確信すれば、それはプレーヤー2の後ろ向き推論に反映されることになる。もはやプレーヤー2は自らの予想利得である100（参入）と0（不参入）を比べるのではなく、－10（参入）と0（不参入）を比べることになる。そこでプレーヤー2は不参入を選ぶ。そのうえでプレーヤー1は高値戦略を続けることができる。

　それでもなおプレーヤー2はプレーヤー1の声明を信頼せず参入する確率が高い。なぜならプレーヤー1の声明にもかかわらず、いざプレーヤー2が参入すれば、プレーヤー1はコミットメントを守らず高値路線を選び（50,100）という利得を得る方がプレーヤー1にとって有利であり、そのことをプレーヤー2も知っているからである。プレーヤー1による声明が相手から信頼してもらえない場合、そのコミットメントは**空の脅し**となる。

　では、プレーヤー1が期間を限定するにせよ、しないにせよ、広範な商品で値下げをする行動を実際にとればどうだろう。もしもプレーヤー1のこの行動がプレーヤー2の認識を改め「安値競争を辞せず」という声明を信頼させる理由となるなら、プレーヤー2は利益－10（参入）と0（不参入）を比較することになる。このように相手の意志決定に影響を与えることが**コミットメント**の目的である。コミットメントが相手に信用され所期の目的を達成するためには、自らも一定の犠牲を払うことが必要である。

第4章 ■ 企業経営のゲーム論

Quiz

1990年代初めの日本の半導体メーカーと韓国の半導体メーカーは下の利得表に示されるような競合関係にあったとする。

		韓国メーカー	
		増産	減産
日本メーカー	増産	(5, 2)	(10, 3)
	減産	(7, 7)	(14, 5)

日本の半導体メーカーにとって最も望ましい状態を実現するための方策は何だったか？

Answer

ナッシュ均衡は日本メーカーの減産、韓国メーカーの増産（7, 7）である。これ以外の状態は、いずれかのプレーヤーに状況打開の誘因が生じるのでナッシュ均衡点ではない。とはいえ日本メーカーの利益は（減産，減産）という状況で最大になる。日本メーカーの立場からみると日韓双方の協調減産がベストである。しかし協調減産は韓国メーカーの利益に沿うものではない。韓国メーカーは増産への誘因をもつからだ。そこで日本メーカーが先手をとって「増産に対しては増産で対抗する」と声明を出し、実際に能力拡大投資に着手をして、韓国メーカーがそのコミットメントを信頼すれば、韓国メーカーは減産を選択し利益3を確保しようとするだろう。日本メーカーは増産余力を戦略的に残しながら減産に転じれば最も望ましい状況となる。あるいはまた、韓国メーカーが日本メーカーのコミットメントを信頼すると考えられない場合には、日本メーカーが先手をとって増産をすれば韓国メーカーは対抗して増産する誘因はもたないことがわかる。

第1部　顧客・利益・戦略の基礎

Quiz
　年末商戦に先立って、ある家電製品の小売企業は「同一製品を当店よりも安い価格で販売している店があれば、その価格よりさらに1,000円低い価格で販売致します」と公表した。この行為はゲーム論ではいかなる狙いが込められた戦略だと考えられるか？

Answer
　安値に対しては安値で対抗するというコミットメントにほかならない。

❸ 繰り返しゲーム

　市場で競争している企業も顧客も一度きりの意志決定を行っているわけではなく、変化する状況のなかで、継続して何度も戦略を決めている。
　プレーヤーが一定期間内に、あるいは無限の期間にわたって、同じ利得表の下で、何度も繰り返して意志決定を行うゲームを「繰り返しゲーム」と呼んでいる。
　繰り返しゲームにおいて、相手が協調よりも私的利益を優先させた場合、その時点以降、自らも私的利益を優先させる戦略をずっととり続ける行動方針を**トリガー（引き金）戦略**と呼ぶ。また、相手がとる戦略と同じ戦略をすぐ次の期で自らもとるという行動方針を**しっぺ返し戦略**と呼んでいる。どちらの戦略も、非協調的な行動をとる参加者に対してペナルティを科すという点で共通している。

> **疑問5**　本章のケースにおいて、海外からの安い輸入商品が日本国内の小売価格を下げていると述べられている。しかし、日本市場で高値で売れるのであれば、海外企業も同じ程度に高い価格をつけて販売した方が利益に沿うはずだ。にもかかわらず、なぜ輸入品主導型の価格低下が起こるのだろうか？価格引き下げを行い顧客奪取を行えば、長期的に企業

第4章 ■ 企業経営のゲーム論

全体の利益を圧縮するので、決して得策ではないはずだ。なぜ年末商戦で本ケースのような激しい価格競争が進むのだろうか？

理論ツール30：有限回の繰り返しゲーム

　最後の期間がある有限回の繰り返しゲームは本質的には一度きりのゲームと同じ論理になる。

　たとえば図表4-1（99ページ）のような価格競争を考えると、一度きりの選択しか機会がないのであれば、各企業は安値競争を行う。この状況は繰り返しゲームにおいて最終回の選択を行う場合にもやはりあてはまる。非協調的な行動をとっても相手の報復による損失がないのであれば、プレーヤーは一度きりのゲームと同じ選択を行うはずであるので、すべての企業は安値販売をとるはずだ。

　では最終期の1期前の選択はどうなるか。やはり1期前でも安値を選択するはずである。なぜなら最終回ではすべての企業が安値販売を行うことは確定している。1期前でどんな選択をしても結末は同じであれば、非協調的行動によるペナルティを考慮する動機もなく、その時点において支配戦略となっている戦略、つまり安値販売をとるだろう。このように最終回の選択から順に前の時点に遡っていくと、結局、全期間において安値販売をとるという選択が合理的なことになる。「いつか終わるのであれば最初から協調はしない」わけである。

理論ツール31：フォークの定理

　フォークの定理は無限回の繰り返しゲーム、すなわち期限を定めない場合にあてはまる。この場合、非協調的な行動をとるときの一時的利益と将来のペナルティをどのような割引率で現在価値にするかなど幾つかの仮定が必要だが、「トリガー戦略」ないし「しっぺ返し戦略」どうしの組み合わせがナッシュ均衡になることが一般的に証明されている。数学的に証明されたのは比較的最近のことだが、共同利益を最大にする方が集団全体にとって有利な

場合は、全員が自然に協調を選ぶようになるという事実は周知の事柄であった。その意味でこの結論を「フォーク（＝民話）の定理」と呼んでいる。

> **重要！** 無期限の繰り返しゲームでは、囚人のジレンマは解決され、各プレーヤーは協調して共同利益を最大にすることが多い

疑問5のポイント

　同じプレーヤーどうしで何度も繰り返して戦略を選択し、そのたびに利得を得る場合、共同利益を最大化することがプレーヤー全員にとって望ましいことは各当事者にわかる。問題は個別利益を優先し全体最適状態を壊すような行動に対して他のプレーヤーがどう対処するかだ。なぜなら個別の当事者はいずれも共同利益ではなく自己利益を拡大したい誘因を抱いているはずだからである。

　上に示したフォークの定理は、無期限繰り返しゲームでは他のプレーヤーによるペナルティを設けることで共同利益を優先する動機を作ることができる、という趣旨だ。

　年末商戦で各社が安値競争を仕掛けるのはフォークの定理と矛盾している。ということは、各社とも年末商戦を無期限繰り返しゲームとしてとらえてはいない。期限のあるゲームだと各企業が認識している。それはなぜかという視点から考察を進めよう。

第4章 ■ 企業経営のゲーム論

> ## コラム
> ●ゲーム論と戦略分析の発展
> 　ゲーム論は、ハンガリー出身の著名な数理物理学者であるフォン・ノイマンがオーストリア出身の経済学者モルゲンシュテルンとの共著のもとに『ゲームの理論と経済行動』（*Theory of Games and Economic Behaviour*）を出版することで誕生した。1944年のことである。
> 　ゲーム論の誕生後、専門家たちは、一部の参加者が結託することによって利益を拡大する機会があるかどうかを分析する協調ゲームの方に、より強い関心をもっていた。囚人のジレンマにみられるような非協調ゲームの結果を予測するための基礎概念「ナッシュ均衡」は、ジョン・ナッシュ（John F. Nash）（写真右）が1950年から53年にかけて発表した一連の学術論文で示したものである。ナッシュは、支配戦略がない場合においても、混合戦略という概念を使うことによって、非常に一般的な仮定の下で、常にナッシュ均衡が存在することを数学
>
> 写真：ノーベル財団公式ウェブサイト
>
> 的に証明してみせた。その後、ゲームの解をめぐってナッシュ均衡以外の新たな概念が提案されるなど、いろいろな精緻化が行われてきたが、ナッシュ均衡が、最も基本的な概念であることには、今日でも何の変わりもない。
> 　ナッシュの後、ゼルテン（Reinhard Selten）やハルサニ（John Harsanyi）が、ナッシュ均衡の概念精緻化などにより、1995年にノーベル経済学賞を受賞した。また2005年にはシェリング*（Thomas C. Schelling）とオーマン（Robert Aumann）が、2007年にはマイヤーソン（Roger Meyerson）がゲーム論の専門家として同賞を受賞している。ナッシュ自身は、長年の病苦を経た後—この間の事情はシルヴィア・ナサー「ビューティフル・マインド」からもうかがい知ることができる—1994年にノーベル経済学賞を受賞した。
>
> 　　* 1960年に刊行された主著『紛争の戦略（*The Strategy of Conflict*）』は、コミットメント、抑止力、限定戦争の概念を駆使しながら世界戦略を分析しており、大変面白い。比較的読み易くお薦めしたい。

第1部　顧客・利益・戦略の基礎

練習問題

問1 ある男女がスパイ映画を観るか、ミュージカルを観るかで相談しており、できれば一緒に同じ作品を観たいと思っています。しかし2人の嗜好は違っているので利得表は以下のようになっています。

		女性	
		スパイ映画	ミュージカル
男性	スパイ映画	(2, 1)	(0, 0)
	ミュージカル	(0, 0)	(1, 2)

　ナッシュ均衡はどんな組み合わせか。この2人の相談の結果を予想できるでしょうか。
（答：スパイ映画×スパイ映画、ミュージカル×ミュージカル）

問2 2人のプレーヤーは、相手に対して攻撃的な態度をとるタカ戦略と受容的な態度をとるハト戦略のいずれかを選びます。それぞれの戦略の組み合わせに応じる利得表は以下のようだとします。

		プレーヤー2	
		ハト	タカ
プレーヤー1	ハト	(3, 3)	(1, 4)
	タカ	(4, 1)	(0, 0)

　どんな行動をとるのが最適になるか考察してください。
（答：ハト×タカ、タカ×ハト）

問3 ある商店街で2つの喫茶店が営業しています。2店を利用している客の数は2店合計で毎日100人です。現在は2店ともコーヒーを300円で提供していてシェアは5割ずつになっています。もしもコーヒーの価格を250円にすれば、7割のシェアを獲得できます。しかし相手方も対抗して値下げをすればシェアはやはり半々です。2店の競争はどのように進行するかを予想してください。ただし、2店とも利益を最大にしようと考えており、コーヒーの原価は両店とも100円とします。
（ヒント：まず利得表をつくってみましょう）

研究課題

1. 冬物の洋服のバーゲンで「最後の大バーゲン」と広告する例が多く観察されるのはなぜでしょうか？
2. じゃんけんにおいて、イシで負けるときは損失が20、ハサミ、カミで負けるときは損失が10だとします。この場合、危険なイシは出さないという戦略を考えるべきでしょうか？

討論の課題

次に取り上げる事例は2005年に日立製作所が公表した薄型TV生産の長期方針である。何を狙った公表であったか、戦略的思考における何に該当するのかを考えてみてほしい。

　日立製作所は薄型テレビの生産能力を2007年度までに現在の5倍に増やし、プラズマテレビで2008年度に国内43%、世界で20%の市場シェア獲得を目指す。これをバネに2005年度に8,500億円を計画しているデジタル家電の売上高を2010年度に1兆5千億円まで引き上げる。薄型テレビは同社が2005年9月中間期に109億円の最終赤字に転落した主因の一つだが、戦略事業としてグループを挙げて立て直す。

　20日にデジタル家電担当の江幡誠執行役常務が都内で会見し、薄型テレビ戦略を発表した。プラズマはパネルの薄型化や回路の集積化でコスト削減を加速。年1回だった新商品の発売は年2回に変更し、価格下落の影響を抑えながらシェア拡大を図り、2006年度下期の黒字化を目指す。

　高画質のハイビジョン機種については来春に従来画質の機種並みの低価格を実現し、2008年度に世界首位となるシェア30%を目指す。

　生産面ではプラズマ、液晶合わせて世界で現在月7万台の生産能力を2007年度には同33万台に引き上げる。2007年度以降は東欧など欧州にも組立工場を建設する計画。販売面では国内に比べて手薄だった海外戦略を補強する。北米や中国での営業強化に加え、来年4月にはロシアに販社を設立する。

　2010年度にはデジタル家電の売上高目標1兆5千億円のうち、薄型テレビがほぼ半分を占める見通しだ。

　デジタル家電全体でも商品開発力の向上を図る。横浜のマーケティング部門は営業拠点である東京・大手町に移転し、2004年度に1,400人だった開発部隊は2007年度に2千人と四割増員。グループ会社と傘下の全研究所を挙げて、材料や半導体などの共同開発にも積極的に取り組む。

◆**主な取り組み**
- ○　製品のモデルチェンジを年2回に（現在1回）
- ○　ハイビジョン対応製品開発要員を2001年度2,000人に増員（2004年度1,400人）
- ○　コスト削減の推進。2008年度に42型プラズマで1インチ＝5,000円に対応
- ○　2006年度の販売投資を2004年度比3倍、2007年度は同3.5倍に増額
- ○　海外販売のテコ入れ。北米や中国で販路拡大

◆**目　標**
- ○　2006年度下期に黒字化
- ○　2008年度のプラズマのシェア目標は国内43％、世界20％。うちハイビジョン対応機種は世界で30％
- ○　26型以上の液晶の世界シェア目標は2008年度で7％

（出所）『日本経済新聞』2005年12月21日朝刊より。

●論点

・このような長期経営方針の狙いとは何だろう？
・他社の長期経営方針は信頼するべきものとしてとらえるべきだろうか？
・競合他社が自社製品の類似製品を生産拡大するとの長期方針を公表したとする。自社の対応としては大別してどのような選択が可能だろうか？

第5章

競争優位の戦略

　企業は特定の事業分野に参入して競争し、状況によってはその分野からの撤退を検討する。競争市場においては、能力拡大投資、研究開発投資、広告に資金を投じる一方で、各事業年度においてはいっそうの利益拡大を目指して臨機応変に生産数量や価格見直しを考える。これらすべての段階で、各企業のとる戦略が競合企業からの反応を誘発し、それがまた当該企業の利益に影響を与える。本章の主題は競合企業と互いに影響を与えあう状況のなかで競争優位に立つための戦略的意志決定である。具体的には**販売価格、生産数量と生産能力**および**参入と撤退**についてゲーム論を活用しながら議論を進める。考え方の基本は広告投資やR&D投資などについても同じである。

　はじめのケースは、2007年から2008年にかけて国内大手ビールメーカーによって公表、実施されたビール製品値上げについてである。

第5章の読み進め方

【1】価格の競争関係

　1節では、まず同質財市場における**ベルトラン競争**を取り上げ、たとえ寡占市場でもコスト優位性がなければ利益はゼロにならざるを得ないことを確かめる。製品が差別化されていても価格競争には「目には目を」というべき**戦略的補完関係**があてはまる点は重要である。長期にわたる価格競争に目を広げて、適切な**ペナルティ**（＝報復的対抗安値など）を設けることで囚人のジレンマを回避できることも取り上げる。

【2】数量と規模の競争関係

　戦略変数が価格ではなく数量であるときは、「押さば引け」というべき**戦略的代替関係**があてはまる。鍵となる概念は**残余需要**である。

【3】参入と撤退

　潜在的ライバル企業の参入を防止するため意図的に生産規模を拡大し価格を引き下げる戦略を**参入阻止価格戦略**という。3節では、この参入阻止価格は戦略として有効かどうかをまず議論している。ゲーム論に基づいて推論すると、それは必ずしも有効ではないという結論が得られる。一方、何度も繰り返して意志決定を行う場合、あえて非合理な行動をとるという**限定合理性**から、**風評**（Reputation）が形成され、長期的には利益を拡大できる余地があるという**チェーンストアの逆説**にも目を向ける。

【4】競争戦略の分類

　相手に対して**タフ・コミットメント**になるか、**ソフト・コミットメント**になるかという観点。次に、自社の行動がもたらす相手の反応が自社にとってプラスになるのか、マイナスになるのか、という**戦略効果**の観点。この2つから競争戦略を分類してみると、「勝ち犬戦略」、「デブ猫戦略」、「子犬戦略」、「自殺行為」という4つのカテゴリーに大きく分けられる。

ケース

キリンビールは31日、ビール系飲料の全商品を2008年2月1日に値上げすると発表した。オープン価格のため具体的な価格は公表していないが、納入価格の引き上げが小売価格に反映されれば店頭価格は3〜5％上昇する見通しという。缶に使うアルミや麦芽が高騰しているのに対応する。

（中略）

ビール大手はオープン価格を採用しているため具体的な価格を示していないが、キリン、アサヒとも小売価格で3〜5％上昇する見通しとしている。5％とすれば、350ミリリットル缶のコンビニエンスストアでの価格はビールが10円、発泡酒が8円、第三のビールが7円上がる。実施時期

（出所）『日経産業新聞』2007年11月1日より抜粋。

ケース

キリンビールに続きアサヒビールが30日、原料高を理由に発泡酒や第三のビールを含むビール系飲料を値上げすると発表した。サッポロビールとサントリーも近く値上げを表明するとみられる。

ビール大手4社のうちキリンが来年2月、アサヒが同3月。

（出所）『日本経済新聞』2007年12月1日朝刊より抜粋。

ケース

サントリーは2009年夏までに、ビール系飲料の生産能力を現在より1割多い年間6900万ケース（1ケースは大瓶20本換算）に引き上げる。熊本などにある既存工場の生産ラインなどを増強する。同社は今年、他社よりも値上げを違らせたことで、ビール事業の販売数量が急増し、初の黒字化と年間シェア3位浮上が確実。商品の消費者への浸透が進んでいるとみて、さらに攻勢をかける。

ビール大手4社は5日までに、2008年のビール系飲料の新販売計画をまとめた。今春に缶ビールを値上げしたアサヒ、キリン、サッポロビールは販売計画を前年実績比3〜6％減に下方修正した。一方、缶の値上げを9月に先送りしたサントリーは2％増に計画を据え置き、値上げで明暗をわけた。

（出所）『日本経済新聞』2008年8月6日朝刊より抜粋。

東京や熊本などにある既存工場に10億円を投資し、

（出所）『日本経済新聞』2008年11月6日朝刊より抜粋。

第1部　顧客・利益・戦略の基礎

❶ 価格の競争関係

　まず販売価格の設定について考える。本章では、各企業とも同一商品は同一価格で販売するという「単一価格販売」を前提として議論する。

> 疑問1　キリンが値上げを発表したときにアサヒはなぜ追随したのか？

理論ツール32：ベルトラン競争

　コモディティ化が進み自社と他社の商品が同一物として認識される完全競争状態は、第2章ですでに取り上げた。

　わかりやすくするために固定費は無視して限界費用は一定額であるとする。そしてどの企業もコスト優位性をもたない、つまり全企業の限界費用は同じだとしよう。さらにどの企業も安値攻勢をかけるに十分な生産能力をもっているとする。そうすると、価格競争の結果、どの企業も限界費用と同じ高さにまで価格を引き下げることを余儀なくされるはずである。

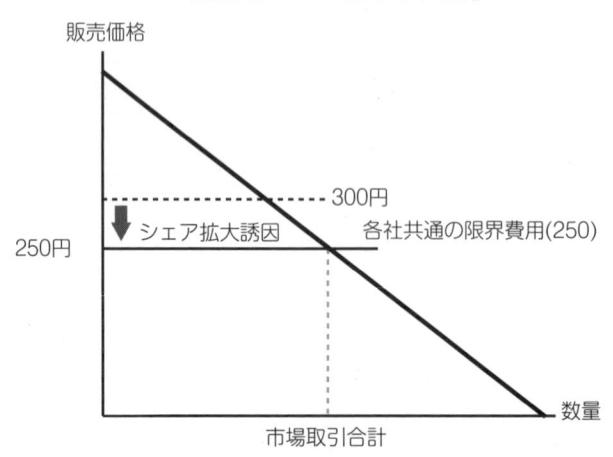

図表5-1　ベルトラン競争

この様子は図表5−1に示されている。どの企業も限界費用は250円で一定である。

ここで250円を上回る価格、たとえば各社が販売価格を300円に設定し協調できるのであれば、それが各社の利益につながることはいうまでもない。しかし、そのような協調行動が一時的にせよ可能だとしても、その状態は安定的ではない。なぜなら価格300円では超過利益50円が発生しているので、ある企業がわずかに割り引くだけでも市場シェアを大幅に引き上げることができる。協調価格が可能だとしても、各社とも値下げによるシェア拡大への誘因をもっており、競争環境は囚人のジレンマと同じである。また、他の企業を信頼できるか否かにかかわらず、利益が発生している産業には自由な参入が予期される。新しく参入する企業はより低い価格で顧客を奪取するであろう。

こうして各企業は限界費用と等しい250円で販売せざるを得なくなる。なぜならどの市場参加者にとっても「安値販売」が支配戦略であり、すべての企業が安値戦術をとるとき、どの企業も戦略を変更する動機をもたないからだ。つまりすべての売り手にとって安値販売がナッシュ均衡になる。

価格に関するこのような競争状況を**ベルトラン競争**と呼んでいる。必ずしも多数の競争企業が市場に参加していない寡占市場であっても、製品が差別化されず参入障壁がなくなれば、価格競争が繰り広げられて、寡占企業であっても価格支配力を失う点は見落とせない結論である。

キリンの値上げに追随したアサヒの行動はベルトラン競争の論理とは明らかに異なる。

理論ツール33：戦略的補完関係

各社の製品が差別化されているときは、値下げによってすべての顧客を競合企業から奪うことはできない。また値引きをして販売数量を増やしたときに自社利益が増えるとは必ずしもいえない。第3章で述べたとおり、製品が差別化され価格支配力をもっている場合は、限界収入と限界費用が等しくな

るような生産量と販売価格の組み合わせを選ぶことが利益最大化につながるからだ。

とはいえ、自社製品と競合する商品が売られている価格は、当然、自社製品の売れ行きに影響する。競合製品より価格が高くとも自社製品が売れなくなるわけではないが、代替商品と価格競争をしていることは差別化商品も同質商品も変わりはない。

差別化商品の間の価格競争の例としてトヨタの乗用車プリウスとホンダのインサイトを取り上げる。ハイブリッド車の購入を検討している消費者であれば、両方の車種の販売価格を比較することが多いだろう。プリウスの価格を割り引けばプリウスの販売量は増えるが、インサイトの価格が引き下げられればプリウスの販売にはマイナスである。

その様子は図表5-2に示されている。

最初、プリウスに対する需要と限界収入が黒い実線で示されており、トヨタは自らの利益に最も有利となる1台230万円という価格を設定していたとする。もしもホンダがインサイトの価格を従来価格よりも値下げすれば、その影響はプリウスに対する需要曲線の移動となって表れる。これは、同じ販

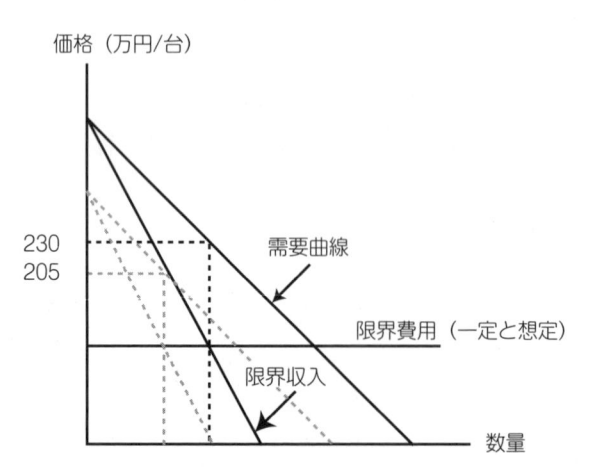

図表5-2　差別化市場での競合商品価格の影響

売価格のままでは従来の販売数量に到達できないことからもわかるはずだし、同じ数量を販売しようとすれば顧客からの値引き要求が激しくなることからも理解できるはずである。

　移動した後の新しい需要と限界収入は図表5-2の点線で示されている。トヨタは顧客を奪われた新しい需要と限界収入を前提に販売価格と数量を設定し直すだろう。数量は点線で示される限界収入と限界費用が一致する点から横軸に下ろした垂線の足で読みとれる。販売価格はその数量に対応する需要曲線上の点の高さ（＝205万円）に対応する。図から明らかなように競合車種の値下げによりトヨタはより低い価格を設定せざるを得なくなることがわかる。同質財市場と同じ性質の価格競争は、たとえ製品差別化ができていたとしても免れることはできない。

　トヨタにとってはホンダのインサイトがいくらで販売されるかに応じてプリウスの価格を設定するはずである。その設定価格はトヨタの利益にかなう最適反応戦略になっているはずだ。インサイトが低価格で販売されればトヨタもそれに対抗するはずであり、反対にインサイトの価格設定が高めになればトヨタもプリウスを比較的高い価格で販売できるわけだ。インサイトの価格に対するトヨタの最適戦略をトヨタの**反応曲線**といい、図表5-3左図の実線で表わされている。もちろんトヨタはホンダの出方を先読みしたわけであり、図表5-3左図の点線はトヨタが先読みしたホンダの価格戦略である。つまりプリウスの価格が230万円であればホンダはインサイトに対して200万円という価格を設定するだろうと先読みしていた。だからこそ、プリウスにつける230万円という価格はトヨタの最適戦略だと思われていた。

　その後、ホンダがインサイトにつけた価格は190万円以下であることが明らかになった。そこでトヨタはプリウスの販売価格を205万円としたのである。それが低価格で攻勢に出るホンダに対抗する最適反応であったためだ。図表5-3右図はその様子を表している。

　図表5-3からわかるように差別化されている2つの競合商品の間では安値には安値、高値には高値で応じるのが自社の利益にかなう最適反応戦略に

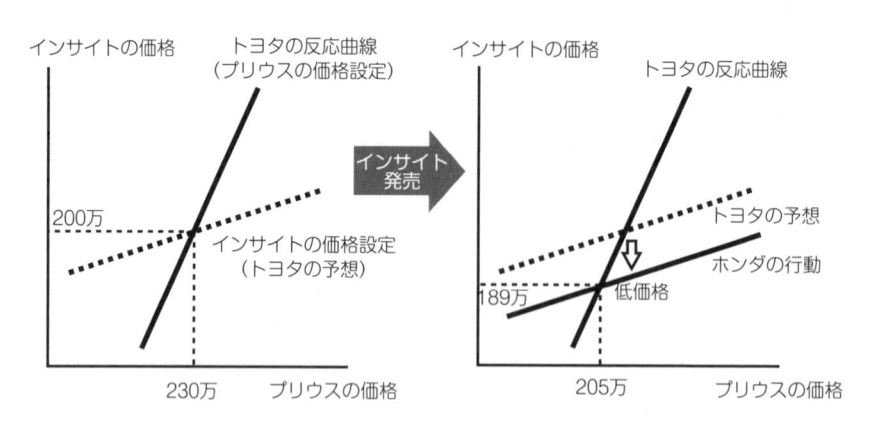

図表5-3　戦略的補完関係

なる。もしもプリウスの販売がインサイトの価格からまったく影響を受けないとすれば、インサイトが値下げされてもトヨタはプリウスの価格を引き下げる必要はない。その場合、トヨタの反応曲線は垂直になるはずである。反対に、インサイトの販売がプリウスの価格から独立であれば、ホンダの反応曲線は水平になる。

プリウスとインサイトは同じハイブリッド乗用車でも異なったブランドであり、インサイトが値下げされても顧客のすべてがプリウスからインサイトに流れるわけではないが、競合商品の価格は互いに影響を与え合いながら価格競争を行っているのが一般的な状況である。

各社の戦略にみられるこのような関係、すなわち相手が顧客を奪う攻撃的な低価格戦略を採用したときに自らも低価格戦略で応じるのが理にかなっている状態を**戦略的補完関係**と呼んでいる。

両社の反応曲線が交わる交点に対応する販売価格は、双方とも相手の価格に対する最適反応戦略をとっているので、相手が価格を変更するまでは自ら変更する動機をもたない。その意味で反応曲線の交点はナッシュ均衡になっている。

何らかの理由でホンダがインサイトの販売価格を従来よりも引き下げる方

針をとるならば、それはホンダの反応曲線が図表5−3の点線から実線へ下に移動することで示される。このとき、ナッシュ均衡を表す交点も移動し、プリウスの価格を引き下げる誘因をトヨタに与えることになる。これはインサイトの価格引き下げ効果を一部帳消しにするだろう。自らの意志決定が相手の戦略変更を誘発し、そのことから自らに跳ね返ってくる効果を**戦略効果**と呼んでいる。戦略的補完関係が支配している状況では、値引き攻勢に対してマイナスの戦略効果を予期しておく必要がある。

Quiz

何らかの理由でトヨタがプリウスの価格を引き上げる場合、ホンダはインサイトの価格をどのように変更する誘因をもつだろう。図で説明しなさい。また、必ずしも相手の価格変更に追随しないケースもある。もしもホンダがトヨタの価格引き上げに追随しない場合、どのような理由が考えられるか議論しなさい。

Answer

本文でも述べたとおり、差別化されている商品どうしの価格競争においては各企業は戦略的補完関係におかれている。ということは、プリウスの価格が引き上げられれば、ホンダはインサイトの価格を同程度に引き上げる誘因をもつ。引き上げ誘因をもつにもかかわらず価格を据え置く選択をすれば、これは安値戦略をとることと同じである。本章の最終節で詳しく述べるが、これは、相手企業から利益機会を奪う**タフコミットメント**になる。

長期戦略のナッシュ均衡

同質財市場で価格競争を行う場合には、たとえ寡占市場であってもベルトラン競争に陥り、結果としては限界費用ぎりぎりの水準にまで価格が低下するという推論が前節で得られた。しかし、当事者の誰もが望まない状態に必ず陥るという結論も奇妙に感じられる。本節では、もう少し長期的に考えて

みよう。

　第4章で利用した2つのスーパーの利得表を再度取り上げよう。

図表5-4　利得表（再掲）

		プレーヤー2	
		安値	高値
プレーヤー1	安値	(0, 0)	(60, −10)
	高値	(−10, 60)	(40, 40)

　図表5-4の利得表の下では（安値、安値）がナッシュ均衡であり、他の組み合わせは当事者のいずれかに戦略変更の誘因を与えるため安定的でない。

　今度は一度きりの「ワンショットゲーム」ではなく、同じ利得表の下で何度も意志決定を行うものと考える。これは第4章でも述べた「繰り返しゲーム」に該当する。プレーヤーであるスーパーA、Bは、それまでのゲームの進行に基づきながら毎回自らが最適と思う戦略を選び、ゲームの結果を確認する。双方とも相手がとった戦略とゲームの結果をすべて正確に認知したうえで、次回の意志決定を行うものと考える[1]。

　ワンショットゲームとして考えると、次の選択機会がないので自らの利益を優先し結果としてナッシュ均衡が実現すると考えられるが、長期間にわたって何度も意志決定を繰り返す場合に安値競争がずっと続けられるのだろうか。2社が自らの選択として協調する可能性はないだろうか。

　こうした場合、よく登場するのは**引き金戦略**と**しっぺ返し戦略**である。どちらの戦略でも初回には「協調」を選ぶ。相手が「攻撃」を選んだ次回以降ずっと「攻撃」を選ぶという行動計画が「引き金戦略」である。一方、「しっぺ返し戦略」とは、初回に「協調」を選び、以後は前回に相手がとった戦略をやり返すというものである。したがって、相手が協調を裏切れば自らも

---

[1] これは**完全情報の繰り返しゲーム**に該当する。「完全情報」とは、それまでのゲームの履歴がすべて公開され共有の情報になっているという意味である。

次回に攻撃に出るが、その期に相手が協調に復帰すれば、自らも協調に戻る。

このほかに、「常に協調する」（相手の選択によらず常に高値を維持する）あるいは「常に攻撃する」（相手の選択によらず常に安値で売る）という戦略も検討対象に加えてよいだろう。

そうすると各プレーヤーは、「引き金戦略」、「しっぺ返し戦略」、「常に協調」、「常に攻撃」という4つの選択肢をもつことになるので、互いの戦略の組み合わせは16通りが考えられる。

たとえばスーパーA、Bとも引き金戦略をとるとすれば、結果として双方ともずっと協調を維持し続け、攻撃に出る機会はないので、双方の利得の列は**40、40、40、…**になる。またスーパーAが引き金戦略、スーパーBが常に攻撃する戦略をとるときはスーパーAの利得が**－10、0、0、…**となり、スーパーBの利得は**60、0、0、…**になる。スーパーAは相手に応じて硬軟両方の対応をしようと決めているが、スーパーBは常に攻撃的な行動をとる。第1期はスーパーBが大きな利益を得られるものの、第2期以降はスーパーAが報復的な安値で対抗するためスーパーBも利益が得られなくなる。これを言いかえると、スーパーAはスーパーBの裏切りに対して、将来利益をゼロにするという形でペナルティを与えたことになる。もしスーパーBが第1期だけの利益を尊重し、第2期以降の利益をまったく考えにいれないならば、スーパーBは第1期に安値攻勢を仕掛けるだろう。しかし、第2期以降ずっと継続されるはずの長期的利益を重視するなら、自社の行動から誘発される相手の行動を予想して、第1期の攻撃は控える可能性が高い。そうすればスーパーAも報復の動機は持たず、結果として両者は長期的に安定した利益を受け取り続けられる。

このようにプレーヤー全体の集団合理性を実現するために協調が必要な場合、そうした協調へ導く鍵は、「相手が裏切れば自らも反撃する行為」である。協調を維持するためのこの行為をゲーム論では**ペナルティ**と呼んでいる。ペナルティや報償など、全体にとって最適である行動を各プレーヤーが

第1部　顧客・利益・戦略の基礎

自らの意思でとるように促す仕組みを**社会的メカニズム**という。

　以上の説明は、期間が無限に続く不定期間を前提にした議論である。もしも有限期間の後にゲームから離脱することが予定されており、各プレーヤーもそのことを知っているのであれば、第4章で述べたように、全期間にわたって協調はせず攻撃的態度に出る戦略が最適となる。

Quiz

協調を裏切って安値攻勢をかけるときの利益が60ではなく180だとする。相手の意表をついて攻勢に出る誘因は本文の場合に比べて強まるか？それとも弱まるか？

Answer

相手を攻撃する場合の利得の行列は

$$180, 0, 0, \cdots$$

になる。一方、協調するときに得られる利得の行列は

$$40, 40, 40, 40, \cdots$$

である。この2つを比較するとき、将来利益をそのままの値で合計するなら、攻撃して将来利益をすべて失うより、ずっと続く将来利益を守る方がスーパーBにとってやはり利益となる[2]。

---

2) 将来の40と現在の40は同じ価値をもたず、利子率によって割引計算をされるのが普通である。将来利益が割り引かれて合計されることを考えれば、現在の180の方が将来ずっと続く40よりも魅力的になる可能性が出てくる。この辺りは金融論などで現在価値、割引計算について学んでから再度考えてみてほしい。

第5章 ■ 競争優位の戦略

2 数量と規模の競争関係

疑問2 本章の最初のケースにおいて、サントリーは生産能力の1割増強を公表した。そんな選択をすればキリンやアサヒが対抗して能力拡大をはかり、結果として各社とも過剰設備に陥る心配があるのではないのか？

理論ツール34：戦略的代替関係

鉄鋼、化学製品などの商品では同質財どうしの競争が展開されている。ビールのようにメーカーごとにブランドが確立されていると思われる商品でも、顧客が味の違い、イメージの違いを認めなくなれば結局はコモディティ化してしまい、競争は同質財市場と同じになる。

同質財市場で参入が自由である場合はベルトラン競争が繰り広げられ、価格は限界費用ぎりぎりの高さにまで低下する傾向がある。この点はすでに述べた。反対に、生産者が1社しかない場合には、その企業が市場を独占しているので、利益を最大化するのに最適な生産量と価格を設定するはずだ。では、ビール市場のような寡占市場ではどうか？本節では、ビールが同質化していると仮定したうえで、サントリーによる能力拡大投資に直面したキリンやアサヒの経営者がどんな視点から意志決定を行うかを考えてみたい。

同質財が複数の企業によって生産されるので、販売価格は供給合計がちょうど購入される高さになるように市場で調整されることになる。その様子が図表5-5に示されている。

ビール市場には数社が参入しているが、議論を簡単にするために、2社だけが生産をしている複占を念頭において議論することにしよう。

図表5-5の左図はサントリーの生産量がまだ小さい場合、右図はサントリーが生産能力拡大を行った後の状況である。サントリーに対して自社がど

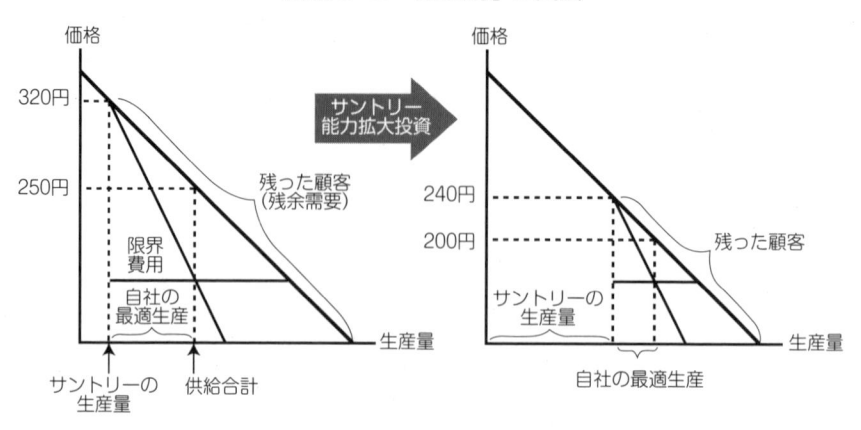

図表5-5 数量競争の図式

【左図】価格軸：320円、250円。限界費用。サントリーの生産量、供給合計、自社の最適生産、残った顧客（残余需要）、生産量軸。

→ サントリー能力拡大投資 →

【右図】価格軸：240円、200円。サントリーの生産量、自社の最適生産、残った顧客、生産量軸。

のくらいの規模で生産を行うのが最適かを図表5-5は示している。

　サントリーの生産量が小さい左図をみよう。もしも自社がまったく生産を行わないなら、市場に供給されるビールは少ないので図のように1缶320円という価格をつけることができる。自社が生産を行うときには、サントリーの生産量は与えられたものと考えなければ価格の見通しができない。サントリーが単独で販売している320円よりも低い価格をつけなければビールは売れない。商品は同質であると前提しているからだ。

　図表5-5の左図をみると、サントリーの顧客を市場から除いた残りの部分が自社の顧客となり、その残った顧客を自社が独占していることがわかる。このようにライバル企業の生産能力を超えた顧客部分を**残余需要**と呼ぶ。生産者が2社である複占の場合は、相手企業の生産能力を超えた部分がすなわち残余需要になる。

　自社は残余需要に対して独占的に価格と生産量を決めることができる。その様子が図表5-5には描かれている。その結果、自社の最適生産が決まる。価格はサントリーと自社を併せた供給合計が販売できるように決まってくる。図表5-5の左図では市場価格が1缶250円に決まっている。サントリーと自社の市場シェアを比べると自社の方が高いこともわかる。

ではサントリーが生産能力を拡大して顧客奪取を仕掛けてくる場合、自社はどのように対応するのが合理的だろうか？

それが図表5-5の右図である。図をみると、サントリーの能力拡大により、仮にサントリー単独であってもビールの販売価格は240円まで低下せざるを得ない。自社が生産を継続するとしても、サントリーと同質財であれば240円よりも低い価格で販売する必要がある。とはいえ、残余需要に対して自社は独占的地位を有しているので、最適な生産数量と価格の決定方法は前と同じである。図表5-5の右図では自社の生産を前よりも減らし、1缶200円という市場価格を選択している。価格は前よりも低下するが、限界費用は上回っており、コスト割れにはなっていない（固定費は無視している）。市場シェアは、サントリーの方が高く、結果としてはサントリーが拡大投資を行ったことに対して自社は生産縮小で対応したという形になっている。

以上述べたように、同質財市場において、少数の企業がそれぞれ他社の生産数量を与えられたものと想定しながら、自社の最適生産量を決めるような競争状態を経済学では**クールノー競争**と呼んでいる。

同質財の数量競争では、価格競争と異なり、相手が強気（＝増産）に出てくる場合、自らも強気（＝増産）に応じる選択は合理的ではない。増産に対しては減産、減産に対しては増産という反応が自らの利益にとって最適戦略となる。このような競争状況を**戦略的代替関係**と呼んでいる。

図表5-6は、戦略的代替関係が当てはまる状況を描いている。図の中の「企業1の反応曲線」は、ライバルである企業2の生産Q_2^*が与えられたときに、企業1が選ぶ生産量Q_1^*がどのように決まってくるかを表している。即ち、企業2の行動に対する企業1の最適反応戦略が「企業1の反応曲線」である。第4章では各プレーヤーが選べる戦略の数は最小限の数しかない場合を取り上げたが、生産量はいろいろな高さに決められる。それゆえ、無数の戦略を選ぶことができるわけだ。企業2が生産を拡大すれば、企業1は生産を抑えるのが企業1の利益にかなう。「企業2の反応曲線」も同じ意味合いである。そして2つの反応曲線が交わる点Eでは、お互いに相手の行動に対

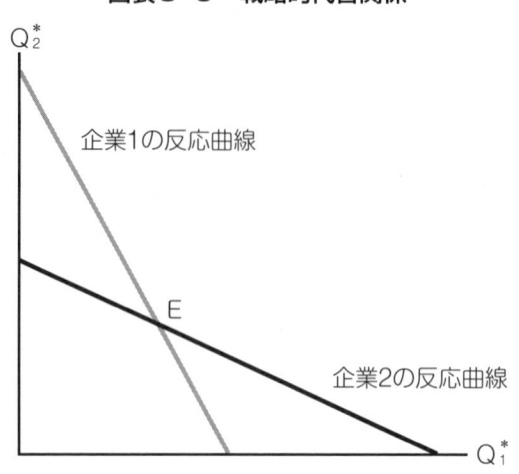

図表5-6　戦略的代替関係

Q_2^*　企業1の反応曲線

E

企業2の反応曲線　Q_1^*

して最適反応戦略をとっていることがみてとれる。それゆえ、点Eは企業1と企業2にとってのナッシュ均衡となる。

「目には目を」が戦略的補完関係だとすれば、戦略的代替関係では「押さば引け、引かば押せ」というべき行動が理にかなっている。販売価格では戦略的補完関係があてはまり、生産数量については戦略的代替関係があてはまる。企業が市場で競争するために決定している戦略変数は、数量なのか（＝価格は市場で調整される）、価格なのか（＝数量は市場で決まる）、いずれが該当するかによって競争の性質が異なってくる点は大変重要である。

疑問2のポイント

サントリーが価格を据え置く選択をしたのは、戦略的補完関係から予想される方向とは逆である。ということは、サントリーの価格据え置きには攻撃的安値戦略の意図がこめられていると考えるべきだ。その裏づけは拡大された生産能力にある。ゆえにサントリーの行動は戦略的に整合的である。生産規模に関しては「押さば引け」、つまり戦略的代替関係が支配していたと考えられる。その状況をサントリーは利用したといえる。

第5章 ■ 競争優位の戦略

❸ 参入と撤退

この節では価格や数量から離れ、そもそも特定の市場に新規参入するか、撤退するかを検討している状況を取り上げよう。

> **疑問3** 第3章でタウン雑誌の発行を例にとって利益の発生を説明した。そこでは2,000部を価格230円で販売すれば利益が最大になるという結論が得られた。今この市場の高収益率に目をつけ、同種のタウン雑誌の発行を検討している潜在的参入企業がいる。その企業の限界費用は180円程度であることがわかっている。そこで既存企業は参入を阻止するため価格を180円に引き下げることにした。この参入阻止戦略は有効だろうか？但し、今度は部数によらず自社の限界費用は115円で一定とする。

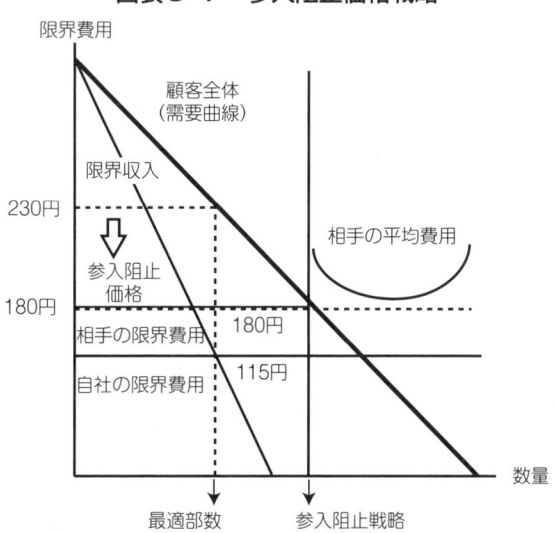

図表5-7 参入阻止価格戦略

第1部　顧客・利益・戦略の基礎

理論ツール35：参入阻止価格

各種タウン雑誌は差別化されているだろうが、既存雑誌が値下げをすれば戦略的補完関係から新規に発行されるタウン雑誌も低価格での発行を余儀なくされる。もしも両社の競争がきわめて激しいのであれば、同じ180円程度で販売されるだろう。とすれば、限界費用のみで180円であるとするなら、固定費用を含めれば利益は出ないはずだ。なぜなら、以下の式をみれば明らかだからである。

$$平均費用＝限界費用（＝180）＋\frac{固定費}{部数}$$

図表5-7はこの様子を表している。本来の最適生産は販売価格を230円にして2,000部を販売することであるのだが、潜在的参入企業のコストを知ったうえで、低価格・部数拡大路線をとったわけである。

一見すると参入阻止戦略は大変有効であるように思われる。

ゲーム論に基づいて、この点を検討しよう。今、既存企業と新規参入企業が選択可能な戦略の組み合わせに応じて図表5-8のような利得が期待されているとする。

図表5-8　参入阻止と許容

		新規企業	
		参入	不参入
既存企業	価格維持	(100, 50)	(200, 0)
	参入阻止価格	(60, −10)	(120, 0)

既存企業が参入阻止価格をとれば元よりも利益が減ることになる。すなわち、利得表のなかの200ではなく120を得る。

では、参入を検討している新規企業が実際に参入してきた場合に、既存企業の最適反応戦略は何だろうか。利得表では両者が低価格で競争をするよりも、高値で協調を図る方が既存企業にとっても利益にかなっていることがわ

かる。したがって利益見通しの情報が各企業で共有されていれば[3]、新規企業は参入し、それをみた既存企業は参入阻止戦略を変更し部数をおさえて協調に転じると考えられる。そのことを新規企業もわかっているので、事実、参入を実行するはずである。仮に参入阻止価格の下で既存企業が利益の低下を覚悟するとしても、低価格を設定することのみによって参入を阻止できるとは限らないのである[4]。

第4章で言及した**コミットメント**は、戦略を変更しないことの言明であり、相手が自社の行動について有する予測を変えようとするものである。もしも新規企業が参入をした後も参入阻止価格を決して変更しないと相手が予測すれば、参入をとりやめるはずである。そのためには既存企業は後戻りのできない意志決定を明らかにすることによって参入後の戦略変更がないことを新規企業に知らせる必要がある。

Quiz

後戻りのできないコミットメントにはどのようなことが考えられるか。適当な例をあげなさい。

Answer

コスト負担をともなった行動がコミットメントになる。低価格の長期予約講読の拡大あるいは部数拡大に必要な用地取得、空き店舗の確保などは該当する例になろう。また、コミットメントに反する行動がそれまでに形成された名声や信頼を傷つける場合もそうである。たとえば、ソフトウェア次期バージョンの販売開始時期発表はその一例である。

---

[3] ゲーム論では参加者の全体、各参加者が選択できる戦略、戦略の各組み合わせにおける利得状況が全参加者で共有されている状況を完備情報と呼んでいる。現実の市場競争で完備情報はあてはまってはいない。上のような考察は、競争分析を進める際のベンチマークとして用いられるべきものである。
[4] 俗にいう「足元をみられる」という表現がこの場合に該当するかもしれない。

> **疑問4** 参入阻止価格が有効でない以上、相手の参入を受け入れ、共存共栄をはかっていくのが正しい選択と考えてもよいだろうか？

理論ツール36：チェーンストアの逆説

　多数の市町村でタウン雑誌を発行している企業があり、それを「既存企業」とする。それぞれの地域では地元の企業が類似の雑誌を対抗的に発行することを検討するものとし、それを「新規企業」とする。既存企業は100の市町村でタウン雑誌を発行してきたとすると、この企業はこれまで地元企業とどのような方法で競争をしてきたのだろうか。

　後ろ向きの推論をしよう。既存企業は最初に「今後100の町でタウン雑誌を発行する」と計画する。既存企業が合理的なら以下のように考えるはずである。100番目の町を取り上げると、ここは最後の選択なので地元企業と協調をするのがナッシュ均衡になる。その1つ前になる99番目の町ではどうするか。99番目にどのような選択をしても100番目の選択は協調で決まっている。とすれば後のことは考えずに最適な選択をすればよい。すなわち99番目も協調である。このように順に選択を決めていけば、1番目の町から常に地元と協調するという結論が得られる。したがって、既存企業はすべての町で協調価格を設定し地元企業の参入を受け入れて共存共栄をめざす。こうして価格競争を回避してきたはずである。

　このような見方は、現実と照応したときに当てはまるだろうか？

　もしも最初の50の町で徹底した低価格販売を行い、地元企業に損失を強いることに成功すれば、既存企業は決してライバル企業と協調しない攻撃的な企業であることを関係者に認知させられるかもしれない。そうすれば残り50の町の潜在的参入企業は参入の計画を中止し、既存企業がそのことを把握すれば50の町では市場を独占して高価格で発行することができる。

　整理すると、常に協調的に行動すれば総利益は

$$100 \times 100 = 10{,}000$$

にしかならないのに対し、最初の段階で攻撃的戦略をとることで潜在的参入企業の見方を変えることに成功すれば

$$200 \times 50 + 60 \times 50 = 13{,}000$$

となり、より多くの総利益を得ることができる。

　最終的には、すべての町で競合企業を排除することに成功し、結果として参入阻止戦略は有効に働くという見方が当てはまる余地がある。

　この状況を**チェーンストアの逆説**と呼んでいる。

　このように、参入阻止価格はそれ自体としては決して有効な戦略とはいえないが『自分たちはタフな競争相手である』という**評判**（Reputation）を獲得することによって、最終的に自らにいっそう有利な結果がもたらされる可能性がある。

　現在から将来にかけて行われる一連の意志決定において、各プレーヤーは必ずしも長期的に最も合理的な戦略をとるとは限らない。利得以外の要因に基づいて、その時点では不合理な行動を選択することがある。その行動がその参加者の**履歴**となり、その履歴が競争相手の意志決定に強く影響を与えることは実は多いのである。こうした点を考えると、完全合理性よりはむしろ**限定合理性**によって各プレーヤーの意志決定がなされていると考えなければならないだろう[5]。

❹ 競争戦略の分類

　ここまで価格、生産規模、参入と撤退について戦略的な観点から議論を進めてきた。そのほかにも広告や技術開発など戦略的な思考が要求される対象はさまざまである。そうした競争優位に関する議論を行うときの基本的な着

---

5) この意味でコミットメントは「ナッシュ均衡崩し」といえるかもしれない。

眼点には共通しているところが多い。本章の最後に競争戦略の特性を整理しておくことにしよう。

戦略という言葉を使うとき、すでにライバルの存在が前提されている。いろいろな戦略はそれぞれ別の特徴をもっている。それらの特徴を2つの観点からみよう。1つはライバルに対する直接的な影響である。もう1つは自社の戦略に誘発されるライバルの行動変化が自社にとって望ましいものになるか、望ましくないものになるかという点である。前者を**直接効果**、後者を**戦略効果**と呼んでいる。

> **疑問5** コープさっぽろがとった値上げ戦略と自社商品の魅力を伝えるCM戦略は、競争戦略としてみると、両者とも同じ狙いをもった類似の戦略であるという論理を構築できる。どう考えればよいか？

理論ツール37：タフコミットメント vs ソフトコミットメント

直接効果は、ライバルに対して攻撃的な姿勢で向かうか、協調的な姿勢で向かうかで分かれてくる。たとえばトヨタがプリウスの販売価格を引き下げる行動は、インサイトの顧客を奪うことによって、ホンダの利益にマイナスの影響を与える。一般に安値戦略は相手に対して攻撃的である。このような戦略を**タフコミットメント**と呼んでいる。タフコミットメントは数量競争における増産にもあてはまる。反対に、価格引き上げや減産はライバル企業にプラスに働く。これは**ソフトコミットメント**になる。「タフ」か、「ソフト」か、この2つはライバルに対する自社の戦略の**直接効果**をみている。

理論ツール38：戦略効果

戦略効果は、自らの戦略がライバル企業の行動変化を誘発することから生まれる。たとえば、自社製品の価格を引き下げれば、戦略的補完関係から相手企業も販売価格を引き下げて対抗することを予想しておくべきである。相手企業のそうした行動変化は、自社製品の売上にとって望ましくない。自

社が実施した当初の値下げ効果を部分的に帳消しにするだろう。つまり自社の値下げ戦略はマイナスの戦略効果をもっている。また、数量戦略において生産拡大を相手に先駆けて行うと、相手は戦略的代替関係から、対抗的な生産拡大で応じるとは考えにくく、減産を選ぶものと予想される。これは自社の利益にとって有利に働く。このように自社がとる戦略に対してライバルが自社にとってプラスの反応をするか、マイナスの反応をするかという側面をみることは非常に大事である。

いろいろな戦略を上に述べた直接効果と戦略効果の2つから分類すると、まったく共通性がないように思われる2つの戦略が実は大変似通った特徴と目的をもっていることが明らかになることが多い。

Tirole-Fudenbergは競争戦略を図表5-9のようなカテゴリーに分類した。

図表5-9　競争戦略の分類

		直接効果	
		タフ	ソフト
戦略効果	プラス	勝ち犬戦略	デブ猫戦略
	マイナス	子犬戦略	自殺行為

図表5-9は直接効果と戦略効果の2つだけで分類しているが、さらに事前に自社の戦略を公表（＝コミット）するかしないかという点もあわせて考慮することもできる。たとえば、価格引き下げはライバルに対してはタフコミットメントであり、ライバルも対抗的値下げで応じると予想されるので、図表5-9の左下に位置する。戦略効果がマイナスであるということは、事前にコミットはせず相手には知らせないでおく方が良いという判断につながる。それに対して価格引き上げはプラスの戦略効果をもつ。相手から協調的な反応を引き出すためにはコミットしておく方が合理的である。これが図表5-9右上のデブ猫戦略である[6]。

---

6) 表のなかで使われている「勝ち犬戦略」や「デブ猫戦略」はTirole-Fudenbergが採用した用語を訳したものに過ぎないが、戦略について議論するときに共通の言葉として普及しつつある。

疑問5のポイント

　上でもみたように、値上げ戦略は直接効果としてはソフト、戦略効果はプラスである。一方、自社製品のCM戦略だが、CMを通して製品の魅力を伝えると顧客評価の向上が期待できる。またライバル企業の製品との差別化を強め、価格競争を緩和する効果もある。自社製品の価格をただちに引き上げる余地も出てくるであろうし、引き上げを実施しなくとも激しい価格競争を緩和することからライバルにとってもプラスである。したがってCM戦略は相手に対するソフトコミットメントになる。では相手企業はどのように行動を変化させるだろうか。相手企業も激しい価格競争から協調的な価格に転換するならば戦略効果はプラスになる。このように考えると、値上げ戦略、自社製品のCM戦略のどちらも「デブ猫戦略」として特徴づけられる。

【一歩進んだ補足】販売価格の最適反応戦略

　プリウス、インサイトとも販売数量を以下のような一次式で近似しよう。

$$Q_P = a - bP_P + cP_I$$
$$Q_I = a' + b'P_P - c'P_I$$

　ただし、係数 a, b, c および a', b', c' はどれも正の値である。変数である Q_P と Q_I はそれぞれプリウスの数量、インサイトの数量を、P_P と P_I はそれぞれプリウスの価格、インサイトの価格を表す。

　ホンダがインサイトの価格 P_I を決めれば、プリウスに対する需要が決まり、トヨタは自らの利益を最大にする価格と生産量を選べばよい。これをトヨタとホンダによる価格決定ゲームと考えれば、設定する価格がそれぞれの戦略であり、結果として受け取る利益が利得になる。相手の設定した価格に対して、自らの利益を最大にする価格が**最適反応戦略**となる。

　議論を簡単にするため固定費を無視して限界費用は一定としておこう。トヨタの限界費用を m、ホンダの限界費用を m' とする。

　今ホンダがインサイトの価格を P_I に設定するとして、トヨタの最適反応

戦略P_P^*を求めよう。

トヨタがプリウスの販売から得られる利益（π_T）は$Q_P P_P - mQ_P$だから

$$\pi_T = (a - bP_P + cP_I)P_P - m(a - bP_P + cP_I)$$
$$= -bP_P^2 + (a + cP_I + mb)P_P - ma - mcP_I$$

利益π_Tを価格P_Pで微分してゼロとおけば利益最大化のための条件が得られる。それは

$$\frac{d\pi_T}{dp_P} = -2bP_P + cP_I + a + mb = 0$$

したがって、ホンダがインサイトの価格P_Iを選択したときのトヨタの最適反応戦略P_P^*は

$$P_P^* = k + \frac{c}{2b}P_I、ただし k = \frac{a + mb}{2b}$$

になる。

係数a, b, c, mはどれも正の値であると仮定した。ゆえに、インサイトの価格が引き上げられるとプリウスの価格も引き上げ、逆にインサイトの価格が引き下げられるとプリウスの価格も引き下げるという行動がトヨタの最適反応戦略になる。

トヨタとホンダの立場を変えて、同様に計算すると、トヨタがプリウスの価格をP_Pに設定するとき、ホンダがインサイトの販売で採用する最適反応戦略P_I^*は

$$P_I^* = k' + \frac{b'}{2c'}P_P、ただし k' = \frac{a' + m'c'}{2c'}$$

になることがわかる。

第1部　顧客・利益・戦略の基礎

━━━━━━━━━━━　**練習問題**　━━━━━━━━━━━

問1　コープさっぽろのような「値上げ戦略」をとる場合、この戦略について公表（コミットメント）する方が望ましいでしょうか。それともコミットせずに実行する方が望ましいでしょうか。
（答：本文を参照）

問2　余剰生産能力を保有しておく狙いとしてはどのようなものが考えられるでしょうか。
（ヒント：余剰能力を廃棄する場合に予想される戦略効果は？）

問3　コンパクト・デジカメ（デジタルカメラ）市場で価格競争が激化するとき、コンパクト・デジカメ市場から撤退する戦略がデジタル一眼レフカメラ市場にどのような影響を与えるでしょうか。直接効果と戦略効果の両面からその効果を整理し、この撤退戦略が一眼レフカメラ市場における「デブ猫戦略」に該当するロジックを構成してください。
（ヒント：コンパクト・デジカメ市場の価格競争が緩和されます。そのねらいは？）

第5章 ■ 競争優位の戦略

研究課題

　もしも生産能力によって供給可能な数量が制約されている状況で価格競争を行えばどうなるかを下の図に基づいて考えましょう。

　図表では各企業のコストにも違いがあります。企業A、B、Cで最も生産費が低いのはA社であり限界費用が100、B社が180、C社が250になっています。

エッジワース競争

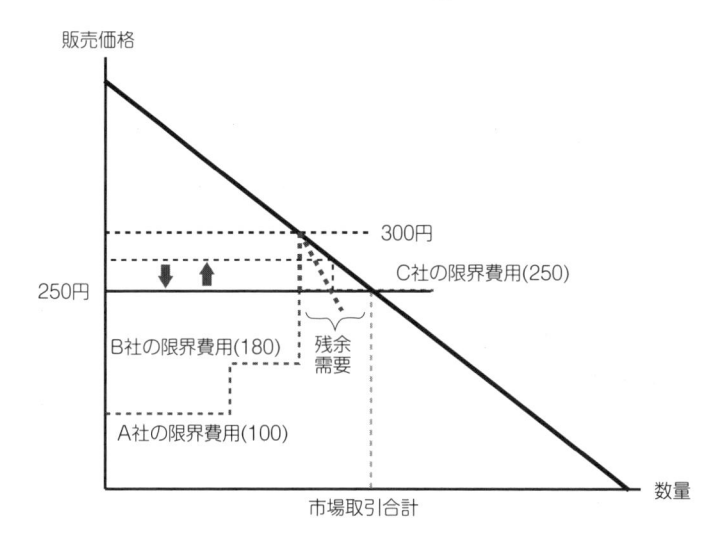

（販売価格／数量のグラフ：250円の水平線がC社の限界費用(250)、B社の限界費用(180)、A社の限界費用(100)、300円、残余需要、市場取引合計）

討論の課題

> 2008年秋のリーマンショック以前に展開されていた薄型TV市場の構造変化を振り返ってみよう。

◆ フィリップス撤退

　欧州家電最大手のフィリップス（オランダ）はテレビ用の液晶パネルから撤退する。韓国LG電子とパネルを合弁生産しているが、合弁会社の株式のほぼすべてを年内にも売却する。投資負担が重い液晶パネルを巡っては、松下電器産業―日立製作所―キヤノンとシャープ―東芝がそれぞれ提携したばかり。再編・淘汰の動きが海外にも波及する。

　フィリップスのジェラルド・クライスターリー社長が日本経済新聞記者と会い、「今は株式市場の状況が悪いが、回復したらすぐにでも（保有株を）売却する。パネル事業はもはや中核事業ではない」と早期撤退を明言した。

　（中略）

　液晶パネル分野では昨年末から再編が加速。LGフィリップスの業績は堅調だが、フィリップスは今後投資負担が重くなると判断した。液晶パネルから撤退、株式売却益を照明や医療機器など中核事業に投じる見込みだ。

（出所）『日本経済新聞』2008年1月23日朝刊より抜粋。

◆ シャープ堺工場

　ソニーは新たな液晶テレビ用パネルの調達先にする方針を決めたシャープと同パネルを共同生産することで基本合意した。シャープが堺市に建設中の新工場の運営会社にソニーが1千億円超を投資する見通し。ソニーはパネルの長期安定調達のために自ら生産にも関与、シャープも投資負担を軽減できると判断した。韓国サムスン電子と液晶パネルを合弁生産してきたソニーは新たにシャープとも組み、世界市場で攻勢を強める。

　26日午後にソニーとシャープの両社長が都内で記者会見を開き、発表する。シャープは総投資額3千800億円で堺市に新工場を建設中で、

2009年度にも稼働させる計画。ソニーは新工場の運営会社に出資して、調達するパネルに見合う額を投資する。

　テレビ用の液晶パネルを巡っては松下電器産業が兵庫県姫路市にパネル工場を新設、日立製作所にも供給する。液晶テレビ世界首位のサムスンと合弁生産してきた2位ソニーの3位シャープとの連合で、合従連衡が一段と加速しそうだ。

(出所)『日本経済新聞』2008年2月26日朝刊より。

◆供給過剰観測も

　シャープや松下電器産業など国内液晶パネル・テレビメーカー各社の相次ぐ提携で、韓国や台湾のパネル業界に警戒感が広がっている。日本勢がグループ内での取引を強化する一方、韓台パネル各社は日本向け取引が落ち込む可能性が出てきたためだ。今後は増産が相次ぐこともあって、販売競争が激化し、価格下落圧力が強まりそうだ。

　テレビ用パネルの大口向け中心価格は、世界的な需要拡大を背景に品薄感が強まり、主力の32型で昨年3月の一枚305ドルから年末には332ドルと9％上昇した。テレビ各社は安定調達が課題となった。パネルメーカー側は「(大型増産を控えた)工場の安定操業にとって心強いパートナーが必要」(片山幹雄シャープ社長)という事情が提携を加速させた。

　いわば、締め出される形の韓台パネル各社は生産能力を持て余す分、低価格での販売攻勢に拍車が掛かりそうだ。LGフィリップスは米国や中国のテレビメーカーとの取引拡大を目指す。低価格パネルを投入し、シャープや松下の高価格帯テレビとは一線を画した市場での成長戦略を描く。

(出所)『日本経済新聞』2008年2月28日朝刊より抜粋。

●論点

- 薄型TV市場では、何についてどのような戦略関係が支配していると説明されているか。
- フィリップスが液晶パネル市場から手を引く「撤退戦略」はどのように合理化されると考えられるか。
- 戦略的代替関係が市場を支配しているときコミットメントが果たす役割は重要だ。それはなぜか？

第2部準備編

産業連関分析に欠かせない行列計算のプレゼミ

> 第2部では、いよいよ産業構造を学ぶ。そのためには「産業連関表」を用いた産業連関分析を取り扱うが、その内容は数学でいう「行列」そのものである。そこで、行列について知っている人も知らない人も、産業連関分析に必要なかぎりで簡単な行列計算を、第2部に入る前の準備編として一度おさらいしよう。

A君は、ある大学のビジネススクールでマーケティングや経営戦略を勉強している。ある日、ビジネスエコノミクスの授業の後、A君はクラスメートのBさん、C君とわかりにくいところについて教えあっていた。担当のS教授が「次のモジュールから産業構造とイノベーションを話題にしたいと思います。もし行列 ─ マトリックスということも多いですが ─ について、まったく勉強したことのない人は、どんなものか調べておくとよいと思います」、そう話していたことを思い出したA君は、Bさんに話しかけた。

A君：たしかBさんは理系の学部を卒業してたよね。行列って、大学で勉強したことはある？

Bさん：そりゃ、あるわよ。理系では必修になってるのよ。行列とかベクトルは、「線形代数学」っていう授業で必ずやるし、それも1年の前期でみっちりね。

C君：ぼくは経済学部で産業連関論をとったことがあるんだけど、結構、行列とかベクトルとか、先生が使ってたよ。そのときは難しいなあと感じたんだけど、「一度慣れておくと、理論的な結果をすごく簡単に表せるし、計算もすぐできるって。勉強しておかないのは、すごく損だよ」って、そんなことを先生が話してたな。ぼくも一寸勉強しようと思ったんですけど。何がポイントか、つかめなくって…。確か、そのときの説明では、産業連関分析では多数個の数値をまとめて計算をすることがあって、産業連関表そのものが1つの大きな行列になっている。表のようにタテヨコに並んでいる数字をまとめて計算するときは、数学の一分野になっている線形代数学を使うということだったと思う。

A君：代数というと、文字どうしの計算をするやつだよね？

Bさん：そう。たとえば $x + x + y + x$ という式があったら、$3x + y$ のようにできるでしょ？文字どうしの加減乗除を最初に約束しておけば、数字以外に文字が出てきても、数字のように計算できるのが代数だよね。今いったのは、xとかyのような文字が、1つの数字を表しているのだけれど、何個かの数字をまとめてAとかBのように文字で表すの。お互いの足し算とか、掛け算を最初に決めておくのが線形代数学なのよ。

　話が盛り上がってきた3人は、行列計算の基本について定期的なグループ勉強会を開くことにした。まず最初は、行列やベクトルとはどう定義されているのか。行列どうしの足し算や掛け算は、どのようにすればいいのか。この辺から頭を整理することにした。何ごともはじめが大事だ。

スカラー・ベクトル・行列

Bさん：行列より、まずベクトルから話すね。ベクトルっていうのはね、何個かの数字を1列にまとめたものを**ベクトル**と呼ぶの。たとえば5個の数字1,2,3,4,5を次のように括弧で囲んで縦に並べたもの。横に並べてもいいの。とにかく1列に並べたものは**ベクトル**というのよ。

$$\begin{pmatrix} 1 \\ 2 \\ 3 \\ 4 \\ 5 \end{pmatrix} \quad (1\ 2\ 3\ 4\ 5)$$

数字を縦に並べたものは**列ベクトル**、横に並べたものを**行ベクトル**ということも多いわね。私たちは、もっとわかりやすく、列ベクトルを**タテベクトル**、行ベクトルを**ヨコベクトル**と呼んでるけどね。

C君：たとえば農業、工業、サービス業という3つの産業があって、それぞ

れの生産額が10、30、60であったとすると、3つまとめて日本の生産額は

$$x = (10, 30, 60)$$

のようにベクトルxで表せるわけだね。

Bさん：そう。だから何か全体とか、合計とかがあって、その内訳を分析したいときには、ベクトルという表し方はすごく便利だと思うよ。ベクトルの中の1つひとつの数字は**スカラー**って呼んでいるの。数字って簡単にいっておけばいいけどね。それで、ベクトルを作っている1つずつの数字は**成分**と呼んでいるのね。たとえば、今話したベクトルの第1成分は

$$x(1) = 10$$

このように括弧をつかって、成分を表すの。あるいはx_1のように添字をつけて表わすこともあるわね。

A君：なるほど。とすると$x(3) = 60$になるわけだね。じゃあ、行列というのは？

Bさん：**行列**はマトリックスともいうのだけど、1列に並んでいる数字じゃなくて、タテヨコに並んでいるものを指すの。たとえば

$$\begin{pmatrix} 1 & 2 \\ 3 & 6 \\ 5 & 10 \end{pmatrix}$$

は、6個の数字が3行2列の表の形になっているでしょ？だから、これは行列ね。
この行列は、2個の列ベクトルが2つ並んでいるとみてもいいし、

3個の行ベクトルがまとめられているといってもいいわね。要するに、行列は数字が表の形に並べられたものなの。

A君：この行列がなぜ産業連関分析のツールになるのかなあ？

C君：そういえば、大学で聞いた授業では産業連関表というのが出てきて、それを投入産出表と呼ぶことがあるって話してたよ。
　　　産業ごとに行と列をつくって、その産業が商品をどこに売っているかは、行の方向でみる。その産業がどんな商品を買っているかは、列の方向でみる。そんな話があったなあ。表ということは、産業連関表そのものが行列になっている。そういう意味だったんだね。

Bさん：産業連関分析や経済分析では不可欠のツールになっているみたいね。でね、行列は表の形になってるわけだから、大きな表もあるし、小さい表もあるわけ。行列の行の数、列の数をマトリックスの**サイズ**といってサイズを「行の数×列の数」、のように書くのが習慣なの。たとえばさっきの行列のサイズは「3×2」である。こう書くのよ。

A君：じゃあさ、さっきC君がいった産業連関表だけどさ、産業の数だけ行と列があるとすると、行の数と列の数が等しい行列になるよね、たとえば

$$\begin{pmatrix} 1 & 3 \\ 2 & 4 \end{pmatrix}$$

こんな表があると、産業1は商品を産業1に1単位、産業2に3単位売っている。産業2は商品を産業1に2単位、産業2に4単位売っている。こう考えていいのかな？

C君：そうだね。いまは売り先をヨコ方向にみたけど、第1列をタテにみると、産業1がどこの産業から商品を買っているか、それがわかる。それが産業連関表の目的だという説明があったよ。

Bさん：今A君がいった行列は行と列の数が同じ2×2の行列だから、これは**正方行列**というのよ。

A君：でも米は農業の生産物なんだけど、それを消費者が買ったら、表ではどうなるのかなあ？消費者は産業じゃないだろう？

C君：それはそうだよねえ…産業×産業の表だけで考えると正方行列だけど、消費者に売るとなると、正方行列にはならないね。

A君：その辺は授業でしっかり聞くとしてさ、それで行列とかベクトルが何かってことは大体わかったから、行列どうしの計算の話をしようよ。

Bさん：その前に、転置行列も基本だから、話しておくね。
行列Aの第(i,j)成分a_{ij}を第(j,i)成分とする行列をAの**転置行列**と呼んでA'と書くの。たとえば

$$A = \begin{pmatrix} 1 & 2 \\ 3 & 4 \end{pmatrix}$$

のとき、転置行列は

$$A' = \begin{pmatrix} 1 & 3 \\ 2 & 4 \end{pmatrix}$$

こうなるの。転置行列は、結構、使うこともあるから知っておくといいよ。

ここまで話し合った3人は、少し休憩したあと、また勉強を再開した。

ベクトルと行列の基本演算

Bさん：次の話題は、行列やベクトルどうしの足し算と引き算ね。

まずベクトルどうしの足し算と引き算は、成分どうしの加算と減算で定義されるのよ。たとえば

$$\begin{pmatrix} 1 \\ 2 \\ 3 \end{pmatrix} + \begin{pmatrix} 4 \\ 5 \\ 6 \end{pmatrix} = \begin{pmatrix} 5 \\ 7 \\ 9 \end{pmatrix}$$

このように加算と減算はすごく簡単なの。減算も同じです。行列どうしの足し算、引き算もまったく同じ。たとえば

$$\begin{pmatrix} 1 & 4 \\ 2 & 5 \\ 3 & 6 \end{pmatrix} + \begin{pmatrix} 1 & 2 \\ 1 & 2 \\ 1 & 2 \end{pmatrix} = \begin{pmatrix} 2 & 6 \\ 3 & 7 \\ 4 & 8 \end{pmatrix}$$

こうなるわ。

ベクトルは行や列の数が1である特別な行列とみることもできるから、考え方は同じなの。こんな風に足し算を定義すると、次の結果も確かめられるわね。

$$3 \times \begin{pmatrix} 1 \\ 2 \\ 3 \end{pmatrix} = \begin{pmatrix} 1 \\ 2 \\ 3 \end{pmatrix} + \begin{pmatrix} 1 \\ 2 \\ 3 \end{pmatrix} + \begin{pmatrix} 1 \\ 2 \\ 3 \end{pmatrix} = \begin{pmatrix} 1+1+1 \\ 2+2+2 \\ 3+3+3 \end{pmatrix} = \begin{pmatrix} 3 \\ 6 \\ 9 \end{pmatrix}$$

ベクトルや行列を何倍かするという計算を**スカラー乗算**というんだけど、これも自然に定義されてしまうわけなの。次の例は行列のスカラー乗算よ。

$$2 \times \begin{pmatrix} 1 & 2 \\ 3 & 4 \end{pmatrix} = \begin{pmatrix} 2 & 4 \\ 6 & 8 \end{pmatrix}$$

こうなるわ。

A君：なるほど。行列やベクトルどうしの加算、減算は、成分1つずつに分けて計算をすればいいわけか。とすると、ベクトルや行列のサイズが

　　　　同じでないと、計算できないということでもあるよね？

Ｂさん：まさにそう！　行列やベクトルの計算では、何個の数字をまとめて計算しているか、その個数、つまりサイズよね、それが大事なの。だからサイズの違う行列やベクトルどうしを足したり、引いたりすることはできないのよ。

　行列やベクトルの概念、行列どうしの加算、減算、スカラー乗算までの基本段階を理解した３人は、ひとまずその日の勉強会をお開きにすることにして、一緒に帰ろうとＯ駅まで歩いていった。

行列・ベクトルどうしの乗算

　行列とベクトルの概念と簡単な計算はわかったが、それが産業連関分析にどのように関係してくるか？勉強会を始めたＡ君、Ｂさん、Ｃ君の３人はそこに一番関心があった。

Ａ君：同じサイズのベクトルどうし、行列どうしを足したり、引いたりするとか、単純に全体を３倍するとかさ、ここまではよくわかったんだけどね、他に計算ルールはあるの？　この前に聞いた計算だけだと、あんまり役に立つような気がしないんだけどなあ。

Ｂさん：まだまだよ、これからが本番なんだから（笑）。
　　　　一番よく使うし、それに大事なのは行列どうしの掛け算ね。前に話したのは、スカラー乗算といって、単に全部の成分を同じ倍数するだけの話だったでしょ。行列どうしの掛け算はそうじゃないの。
　　　　これは学部時代に私が使っていた教科書なんだけど、こんな風に書いてあるわ：

行列どうしの乗算はいくつかの定義の方法があるが、以下の方法が最も頻繁に使用される。

今 $m \times n$ の行列 A と $n \times p$ の行列 B があるとき、積 AB の (i,j) 成分は以下のように定義される。

$$(AB)_{ij} = \sum_{k=1}^{n} a_{ik} b_{kj}$$

(例)

(1)
$$\begin{pmatrix} 1 & 2 \\ 3 & 4 \end{pmatrix} \begin{pmatrix} 5 \\ 6 \end{pmatrix} = \begin{pmatrix} 1 \times 5 + 2 \times 6 \\ 3 \times 5 + 4 \times 6 \end{pmatrix} = \begin{pmatrix} 17 \\ 39 \end{pmatrix}$$

(2)
$$\begin{pmatrix} 1 & 2 \\ 3 & 4 \end{pmatrix} \begin{pmatrix} 5 & 10 \\ 6 & 12 \end{pmatrix} = \begin{pmatrix} 1 \times 5 + 2 \times 6 & 1 \times 10 + 2 \times 12 \\ 3 \times 5 + 4 \times 6 & 3 \times 10 + 4 \times 12 \end{pmatrix}$$
$$= \begin{pmatrix} 17 & 34 \\ 39 & 78 \end{pmatrix}$$

(3)
$$\begin{pmatrix} 1 & 2 \\ 3 & 4 \end{pmatrix} \begin{pmatrix} x \\ y \end{pmatrix} = \begin{pmatrix} x + 2y \\ 3x + 4y \end{pmatrix}$$

一般に行列どうしの乗算は可換ではなく $AB \neq BA$ である。また前の行列の列数と後の行列の行数が等しくないと積は定義できない。

(例)

$$\begin{pmatrix} 1 & 2 & 3 \\ 4 & 5 & 6 \end{pmatrix} \begin{pmatrix} 1 & 4 \\ 2 & 5 \\ 3 & 6 \end{pmatrix} = \begin{pmatrix} 14 & 32 \\ 32 & 77 \end{pmatrix}$$

$$\begin{pmatrix} 1 & 4 \\ 2 & 5 \\ 3 & 6 \end{pmatrix} \begin{pmatrix} 1 & 2 & 3 \\ 4 & 5 & 6 \end{pmatrix} = \begin{pmatrix} 17 & 22 & 27 \\ 22 & 29 & 36 \\ 27 & 36 & 45 \end{pmatrix}$$

簡単にいうと、前の行列の行、後ろの行列の列をとってきて、その2つの成分の積和をとる。こういえば、いいかなあ。

C君：確かに成分を掛けて合計するから「積和」には違いないけど、なぜこんな複雑なやり方で掛け算を定義するのか、そこがわからないなあ。それに掛け算の前後を逆にすると答えが違うとか、そもそも掛け算ができない場合があるとか、それも気持ちが悪いねえ…なぜこんな風に？

Bさん：そう、大事なのは動機ってことよね。それは行列とかベクトルが連立方程式を解くことと深い関係にあるというか、線形代数学誕生の秘密になるんだけど、その前に基本となる用語をあげておくね。
　まず**対角行列**という言葉。これは、正方行列であって、その対角成分すなわち $(1,1)$ 成分、$(2,2)$ 成分、… (n,n) 成分以外の成分は、すべてゼロであるような行列のことなの。とくに、対角成分が全部1である行列は**単位行列**といって、I あるいは行列のサイズが $n \times n$ の場合 I_n と表してる。なぜ単位行列という名前で呼ぶかというと、次の例をみてちょうだい。
（例）

$$I_2 = \begin{pmatrix} 1 & 0 \\ 0 & 1 \end{pmatrix} \quad I_3 = \begin{pmatrix} 1 & 0 & 0 \\ 0 & 1 & 0 \\ 0 & 0 & 1 \end{pmatrix}$$

ネッ、数字の1に似ているでしょ？単位行列を他の行列 A に掛けたときには積もまた同じ A になるの。
（例）

$$\begin{pmatrix} 1 & 0 & 0 \\ 0 & 1 & 0 \\ 0 & 0 & 1 \end{pmatrix} \begin{pmatrix} 1 & 4 \\ 2 & 5 \\ 3 & 6 \end{pmatrix} = \begin{pmatrix} 1 & 4 \\ 2 & 5 \\ 3 & 6 \end{pmatrix}, \quad \begin{pmatrix} 1 & 4 \\ 2 & 5 \\ 3 & 6 \end{pmatrix} \begin{pmatrix} 1 & 0 \\ 0 & 1 \end{pmatrix} = \begin{pmatrix} 1 & 4 \\ 2 & 5 \\ 3 & 6 \end{pmatrix}$$

$$\begin{pmatrix} 1 & 0 \\ 0 & 1 \end{pmatrix} \begin{pmatrix} 1 & 2 \\ 3 & 4 \end{pmatrix} = \begin{pmatrix} 1 & 2 \\ 3 & 4 \end{pmatrix} \begin{pmatrix} 1 & 0 \\ 0 & 1 \end{pmatrix} = \begin{pmatrix} 1 & 2 \\ 3 & 4 \end{pmatrix}$$

いままで行列どうしの掛け算の説明をしてきたんだけど、列ベクト

ルは列の数が1である行列、行ベクトルは行の数が1である行列になるでしょ。だから行列とベクトルの乗算も計算できることになるわ。たとえば

$$\begin{pmatrix} 4 & 6 \\ 5 & 7 \end{pmatrix} \begin{pmatrix} 2 \\ 3 \end{pmatrix} = \begin{pmatrix} 26 \\ 31 \end{pmatrix}$$

A君：う〜ん、前の行列の列と後ろの行列の行とで長さがあってないといけないわけだよね？何だか頭がこんがらがっちゃうなあ。

Bさん：最初はそうなんだけど、私はこんな風に覚えたかな。たとえば行列の長さだけを（行の数,列の数）という形に抜き出して

$$(2,3) \times (3,1) \text{ は } (2,1)$$

こんな風に書くと、結果には前の行列の行と後ろの行列の列が残る。間の3と3が合ってないと計算エラーになる。慣れると、わりと楽よ。

C君：こんなやり方で掛け算を定義してさ、本当に後の計算が楽になるとか、いいことはあるの？

Bさん：う〜ん、本当に楽になるって実感がわいてくるのは、もっとあとなんだけど、普通の文字記号のように行列も計算できるって知ってるだけで、すごく楽だよ。
　まず普通の掛け算のように**結合則・分配則**が満たされるわけ。つまり、行列どうしの乗算では可換性はないんだけど、加減算では前後が交換可能だし、括弧がついた計算で結合則や分配則が成り立っているのね。整理すると以下のようになるかな。

(1) $A+B+C=(A+B)+C=A+(B+C)$、
　　また $ABC=(AB)C=A(BC)$

(2) $A(B+C)=AB+AC$、また $(A+B)C=AC+BC$

A君：なるほど、こりゃ確かに代数だねえ。違うのは、AとかBとかの文字が表わす中身は数字じゃなくて、行列ってことか。ベクトルも一種の行列なんだから。

Bさん：そうね。あとは、どんな目的のために、こんな計算ルールを作って、結果としてどんな利益があるのか。その動機と利益ね。これを話す番。あっといけない！　大事なことを話すのを忘れてた。

A君：忘れてたって何を？

Bさん：「行列式」よ。行列と連立方程式の話をすると必ず出てくるから、この話をしておかなくちゃ！

とはいえ、今日の収穫はここまででかなりあったし、行列どうしの掛け算を少し復習したくもあったので、続きは日を改めてになった。

行列式

Bさん：行列式からだったわね。ええっと、行列式というのは行と列が同じ長さ、つまり正方行列だけに定義されている値のこと。行列から決まってくる数値だから関数といってもいいかな。たとえば正方行列Aが2×2で

$$A=\begin{pmatrix} a & b \\ c & d \end{pmatrix}$$

のときは、

$$|A|=ad-bc$$

と定義される値を $|A|$ と書いて、これを行列 A の行列式と呼ぶの。行列の中身から1つの数字が計算されて決まってくる、ここをみてね。具体例をいくつかあげると、

(例)

(1)
$$\begin{vmatrix} 1 & 2 \\ 3 & 4 \end{vmatrix} = 1 \times 4 - 2 \times 3 = -2$$

(2)
$$\begin{vmatrix} 1 & 2 \\ 2 & 4 \end{vmatrix} = 1 \times 4 - 2 \times 2 = 0$$

こんなところね。

行列式がよく使われる理由は、上の例(2)をみて。(2)では、行列を構成するある行が他の行を何倍かしたものになっているでしょ。こんな場合は行列式は0となる性質があるのよ[1]。

C君：逆にいうと、どの行も他の行を何倍かしたものでなければ行列式はゼロにはならないわけだよね。

A君：2行2列の正方行列は一番簡単だけど、もっと大きい行列にも行列式があるの？

Bさん：いい質問！　正方行列のサイズが3以上である場合も行列式は定義されるわ。ちょっと待って、昔使った教科書にはこんな風に書いてある：

たとえば A が 3×3 の正方行列

---

[1] あるベクトルが他のベクトルを何倍かしたものであるとき、あるいは他のベクトルを足したり、引いたりしたものになっている場合、そのベクトルは**独立**ではないという。行列の各行が独立でないとき、その行列の行列式はゼロになる。詳細は線形代数学の教科書で補習していただきたい。

$$A = \begin{pmatrix} 1 & 4 & 5 \\ 4 & 2 & 6 \\ 5 & 6 & 3 \end{pmatrix}$$

の場合は2×2の行列式を使って以下のように求める。

$$\begin{vmatrix} 1 & 4 & 5 \\ 4 & 2 & 6 \\ 5 & 6 & 3 \end{vmatrix} = 1 \times \begin{vmatrix} 2 & 6 \\ 6 & 3 \end{vmatrix} - 4 \times \begin{vmatrix} 4 & 6 \\ 5 & 3 \end{vmatrix} + 5 \times \begin{vmatrix} 4 & 2 \\ 5 & 6 \end{vmatrix}$$

$$= 1 \times (-30) - 4 \times (-18) + 5 \times 14 = 112$$

正方行列Aから第i行と第j列を取り去った部分行列A_{ij}の行列式$|A_{ij}|$をAの成分a_{ij}の**小行列式**と呼ぶ。また、小行列式$|A_{ij}|$に$(-1)^{i+j}$を掛けた値$(-1)^{i+j}|A_{ij}|$をa_{ij}の**余因子**と呼んでいる。今余因子を$\tilde{A}_{ij}$のように表記すると、一般に$m \times m$の行列Aの行列式は以下のようにして求められる。

$$|A| = \sum_{k=1}^{m} a_{ik} \tilde{A}_{ik}$$

これを「行列Aの第i行を展開して行列式$|A|$を求める」という[2]。要するに、どんなに大きな行列でも小さい行列に分けて行列式を計算すればいい、一番簡単な2行2列の行列式は計算できるから、どんなに大きくなっても大丈夫ってことよ。

C君：いやあ、行列どうしの掛け算もなぜにこんな定義をって思ったけどさ。行列式はそれ以上だなあ。勉強するほどに複雑になって、後が楽になるならいいけどさ、大丈夫なの？

Bさん：ほんと、C君って、典型的な経済学部出身ねえ（笑）。行列式はこのくらいだから、もう連立方程式と行列計算との関係、話してもいいわね。

---

[2] ここでは特定の行について展開したが、列について展開して行列式を求めてもよい。

連立一次方程式と逆行列

ビジネスエコノミクスの授業の日、3人はまたS駅前にあるサテライト自習室で勉強会を開いていた。

A君：連立一次方程式と行列計算は密接な関連があるっていうことだったよね。Bさん、まず一番簡単なケースで説明してくれる？

Bさん：いいよ。じゃあ次のような連立方程式で考えようか。

$$x + 2y = 5$$
$$3x + 4y = 11$$

みんな、まだ行列どうしの掛け算のこと覚えているでしょ？ベクトルも行列の一種なんだから、この連立方程式は行列とベクトルを使って

$$\begin{pmatrix} 1 & 2 \\ 3 & 4 \end{pmatrix} \begin{pmatrix} x \\ y \end{pmatrix} = \begin{pmatrix} 5 \\ 11 \end{pmatrix}$$

このように書けるわよね。それで上の式の中で、左辺の行列

$$\begin{pmatrix} 1 & 2 \\ 3 & 4 \end{pmatrix}$$

を連立方程式の**係数行列**と呼ぶの。

今上の式の両辺に

$$\frac{1}{1 \times 4 - 2 \times 3} \begin{pmatrix} 4 & -2 \\ -3 & 1 \end{pmatrix}$$

という行列を前から掛けると、左辺が

$$-\frac{1}{2} \times \begin{pmatrix} 4 & -2 \\ -3 & 1 \end{pmatrix} \begin{pmatrix} 1 & 2 \\ 3 & 4 \end{pmatrix} \begin{pmatrix} x \\ y \end{pmatrix} = \begin{pmatrix} 1 & 0 \\ 0 & 1 \end{pmatrix} \begin{pmatrix} x \\ y \end{pmatrix}$$

だから

$$\begin{pmatrix} 1 & 0 \\ 0 & 1 \end{pmatrix} \begin{pmatrix} x \\ y \end{pmatrix} = -\frac{1}{2} \times \begin{pmatrix} 4 & -2 \\ -3 & 1 \end{pmatrix} \begin{pmatrix} 5 \\ 11 \end{pmatrix}$$

になるでしょ？
上の式の左辺にある行列

$$\begin{pmatrix} 1 & 0 \\ 0 & 1 \end{pmatrix}$$

は単位行列だから、左辺は $(x, y)'$ になる。一方、右辺を計算すると $(1, 2)'$ になる。
だから、連立方程式の根は

$$\begin{pmatrix} x \\ y \end{pmatrix} = \begin{pmatrix} 1 \\ 2 \end{pmatrix}$$

こうなるわ。ここね、連立方程式と行列やベクトルの計算がすごく関係しているというのは。
今話したなかで、行列 A に掛けたときに結果が単位行列となる行列があったでしょ？　こんな行列を A の**逆行列**と呼んでいて、A^{-1} と表記するのよ。
一口でいうと、連立方程式で未知数を求める計算は係数行列の逆行列を求めることに帰着する。こうもいえるわけ。

C君：逆行列かあ…ちょうど、あれだね。普通の実数でいうと、2の逆数は 1/2 で逆数を掛けると 1 になる。これと同じ意味なんだね。

Bさん：まさにそうね。そもそも単位行列 I というのは、正方行列Aの右から掛けても、左から掛けても同じAになる。$AI = IA = A$ だから、数字の1と同じようなものでしょ。だから $A^{-1}A = I$ とするような行列 A^{-1} は、2に対する 2^{-1}、3に対する 3^{-1} と同じようなものと考えていいわけなのよ。

A君：それで、その逆行列の求め方なんだけどね、もう1回、まとめてくれるかな？

Bさん：ハイ。逆行列は、一般には面倒な計算になるの。ただ一番簡単な2×2の行列については、すごく簡単に求められるわ。今行列Aを

$$A = \begin{pmatrix} a & b \\ c & d \end{pmatrix}$$

と置くと、

$$A^{-1} = \frac{1}{ad-bc} \begin{pmatrix} d & -b \\ -c & a \end{pmatrix}$$

これがAの逆行列になるわ。実際に行列Aに掛けてみれば、ちゃんと単位行列になるのよ。ちなみに、逆行列はAの左から掛けても、右から掛けても、Iになる。式で書くと

$$A^{-1}A = AA^{-1} = I$$

も簡単に確かめられるわ。

A君：行と列の数が3以上のときはどうするの？

Bさん：計算は相当複雑になるから、電卓ではやらないほうがいいわね（笑）。でも、ビジネスエコノミクスの教科書では表計算のエクセルを使って、逆行列を出すって聞いたわよ。
　線形代数学の教科書には、Aが$n \times n$であるとき、このあいだ説明した余因子の行列を使って

$$A^{-1} = \frac{1}{|A|} \begin{pmatrix} \tilde{A}_{11} & \tilde{A}_{21} & \cdots & \tilde{A}_{n1} \\ \tilde{A}_{12} & \tilde{A}_{22} & \cdots & \tilde{A}_{n1} \\ & \cdots & \cdots & \\ \tilde{A}_{1n} & \cdots & \cdots & \tilde{A}_{nn} \end{pmatrix}$$

のように計算すれば求められる、と説明されているわね。

A君：行列式って、ここにも出てくるんだね。意外だなあ…。

Bさん：今のすごくいい発言（笑）！
行列式がゼロになるときってあるでしょ？行でも、列でも、ある行が他の行の足し算、引き算、スカラー倍で表せる場合には、行列式はゼロになる。これを行は独立でないとか、一次従属になっているとかっていうんだけど、この場合は行列式がゼロになるから、逆行列を定義できない。そういうことなの[3]。こういう場合は連立方程式は解けないってことになるわね。

C君：学部の頃、勉強していたノートにね、こんなこと書いてあるよ。「輸入分を除去した逆行列」について。大分、忘れちゃったんだけどそんな授業のときだったんだねえ（笑）。
ええっと、まず、国内生産物の需要と供給がバランスしていることから

$$X（生産額）＝AX（輸入分を除いた中間需要）$$
$$＋FD（輸入分を除いた最終需要）$$
$$＋E（輸出）$$

である、と。この関係が出発点になる。
ここで、産業連関表から計算される最終需要FDにおける独立した部門別輸入額から計算される輸入係数行列をMとすると、輸入分を除去するための行列は$(I-M)$で表される。つまり、＜輸入＋国産＞を

---

[3] 行列式がゼロであるとき、行列Aは**特異**であるという。反対に行列式がゼロでない正方行列は**非特異**という。

I とすると $I-M$ によって＜国産のみ＞を表現できる。だから、$I-M$ を通常の中間需要である AX に左から乗じると、輸入分を除去することができる。
ここまではいいよね？
それゆえに、以下のように計算を進めればよい。そう書いてあるよ。

$AX+FD+E=X$ より、輸入分を含まない E を除く AX（中間需要）と FD（国内需要）に対して輸入分を除去するため $(I-M)$ を左から乗じると

$$(I-M)AX+(I-M)FD+E=X$$
$$(I-M)FD+E=X-(I-M)AX$$
$$(I-M)FD+E=\{I-(I-M)A\}X$$

上の式の右辺にある国内生産額 X の前から掛けられている行列 $\{I-(I-M)A\}$ の逆行列を両辺の左から掛けると

$$\{I-(I-M)A\}^{-1}\{(I-M)FD+E\}=X$$

が得られる。
同じ関係は生産額 X と国内最終需要 FD、輸出 E をそれぞれの増分 ΔX、ΔFD、ΔE に置き換えても成り立つから、結局、

$$\{I-(I-M)A\}^{-1}\{(I-M)\Delta FD+\Delta E\}=\Delta X$$

こうなることが確かめられる。
以上のように、輸入分を除いた国内最終需要および輸出の増分または減少に対して、輸入分を除いた投入係数の逆行列を左から掛ければ、国内生産額の純増分または純減分を計算することができる。
この結果ってさ、授業で役に立つのかなあ…。

Bさん：まあまあ、先生の説明がそれだけ楽しみになったわけだし。

A君：だけど、ずいぶん行列の計算がわかってきたよね。これで何だか自信が出てきたよ。Bさん、ありがとうね。

Bさん：どういたしまして。その代わり、戦略のところの事後レポート、みせてね！

　ちょうどビジネスエコノミクスの授業が始まる時刻になった。3人は急いで教室に入って行った。

第 2 部

産業構造とイノベーション

第 6 章

産業構造を学ぶ

　すでに第1部第1章のマクロ経済では、国民所得の源泉GDPが付加価値から生まれること、そしてGDPは最終的に最終需要として消費されることを学んだ。ところが、以上の付加価値がどこからどのように生まれ、最終的にGDPとして計算されるか、そのプロセスについては未解明である。第2部では、このような疑問に答える解決策について学ぶ。

　たとえば、付加価値は、トヨタなどの自動車産業が幾重にも重なったサプライチェーンの最終段階にあってプロセスごとに関連企業が存在し、それらの企業が産み出した付加価値の総計がGDPである。ところで、日本にはどれくらいの企業（業種・部門）が存在し、それぞれの業種ごとにどれくらいのGDPが産み出されているのだろうか。こうした規模を数字で知っていることは、同一業種内の企業競争と企業シェアを理解し、新規事業を考えるうえでもきわめて重要な土台となる。そこで、第6章では、産業構造を分析するために開発された「産業連関表（IO）」を新たに学ぶ。

第2部　産業構造とイノベーション

第6章の読み進め方

【1】産業構造

　　一般的に「産業構造」という言葉が、日常的に使われているが、産業構造とはどのような規模・広がり・関係を意味しているのだろう。そこで、産業構造の意味するもの、数量的な把握方法について理解する。

【2】産業連関表（IO：Input-Output Table）の基本構造

　　【1】を受けて、これらの構造をあたかも地図のように表す経済分析手段として「産業連関表（IO）」が、20世紀の半ばに米国ハーバード大学で開発された。その基本的な内容と開発者の素顔に触れる。

【3】2部門産業連関表のケース分析

　　外国とのどのような通商関係も存在しない、完全に閉ざされた自給自足の仮想「ナルニア国」を想定する。ナルニア国の産業連関表を仮想したうえで、産業連関分析と呼ばれる分析手法を用いて紙とエンピツで計算する。

【4】次の課題

　　いよいよナルニア国から飛び出て、現実の日本を説明可能な産業連関分析に入る。そこでは、産業の数だけ産業連関表は複雑化するので、もはやコンピュータの力を借りずに分析することは難しい。

ケース

円安と規制緩和セットで
「適正」水準、1ドル＝110円 サービス業、雇用拡大急げ

かつて日本では、多くの経済学者や政府高官が円安を支持していた。円安なら輸出企業の利益率が高まり、雇用も増えるからだ。2003〜07年にかけての日本の景気拡大は円安で輸出と雇用を拡大できたからだとみる専門家も多い。こうした円安支持論者は、日本が現在直面する経済的苦境は円高と大いに関係があり、日本経済の復活には円の下落が必要だと主張する。

だが強い円にもメリットはある。円高になれば、日本企業の購買力が増してコストは低下し、円高によって収入減を埋め合わせるだろう。消費者はより多くの外国製品を買えるようになり、その分国内サービスの購入余力も高まる。

また円高は日本の産業構造の転換を後押しし、製造業からサービス業へのシフトを促す効果もある。この点は、日本の一部の学者や政策担当者のした日本の産業構造が、先進国にしては製造業に偏りすぎていると感じているからだ。米国では製造業が国内総生産（GDP）に占める比率は約11％だが、日本では約20％である。

だが為替レートの変化が構造変化を促すとは限らない。長期的にみれば、為替レートも日本の経済構造も、貿易パターンや製造業・サービス業の労働生産性といった経済のファンダメンタルズ（基礎的条件）で決まるからだ。短期的なショックや金融政策が為替レートにときに劇的な影響を及ぼすことは確かだが、そうした動きはごく一時的なもので、一国の経済のあり方を恒久的に変えるにはいたらない。こうした理由から、日本の長期的な構造変化要因を探ると同時に、為替レートの影響も把握する必要がある。

しかも日本は高齢化が進み、消費者は教育、医療、娯楽、金融といったサービスの拡充を望んでいる。産業構造の転換を図りたい向きは、円高になれば製造業の退潮が鮮明になると同時にサービス業の台頭が促され、構造転換が早まると考えている。

（後略）

（出所）モデル分析による経済復活の条件（経済教室）『日本経済新聞』2010年4月2日朝刊 南カリフォルニア大学 ロバート・ディークル教授

第２部　産業構造とイノベーション

❶ 産業構造

　2010年代の超円高、そして新卒者の就職超氷河期の背景として、グローバル化する世界経済や躍進する中国経済を前に、日本経済はすっかりかつての勢いを失っていることが指摘されている。一言で「経済が冷え込んでいる」といわれるが、その実態は「産業構造の進化が停滞している」と読み換えることができる。それでは、雇用や企業収益の全体像ともいえる「**産業構造**」とは、一体いかなるものであろうか。

　ケースは、円高環境における「産業構造」の今後の変化について論じている。そしてここに論じられている「円高による産業構造変化＝経済のサービス化」はきわめてオーソドックスな考え方であり、通常の経済の進化プロセスを示している。それでは、経済のサービス化が進展した場合、国内および地域経済の産業構造にどのような変化が生ずるのであろうか。また、農業や工業のGDPはどれくらい減少するのであろうか。

　はじめに、産業構造が変化するとき、変わる以前と以後の明確な識別が必要である。それは感覚的ではなく、数量分析可能な経済データであるべきだ。そこで、はじめに「産業構造」の全体像を知り、次にその数量分析手法として「**産業連関表（IO）**」について学ぶ。

> **疑問１**　産業構造とは？

　産業は業種の集合体だ。次に、業種は同じ分野の企業の集合体を表している。最後に、企業は常に仕入れと加工・販売を繰り返している。つまり、企業は企業から買い入れ、企業または消費者に財やサービスを売り渡している。それゆえに、企業と企業は結びついており、結果的に業種を超えた取引が存在し、こうした取引関係を「産業構造」とみなすことができる。

第6章 ■ 産業構造を学ぶ

図表6-1 マクロとミクロの接合

企業（ミクロ）＞業種（ミクロ）＞産業部門（多部門ミクロ計＝マクロ）＞
産業構造（マクロ）＞経済（マクロ）

　経済の最小単位である企業活動（ミクロ）は、やがて一国の経済水準（マクロ）を決定する。そのとき、自分たちが所属する企業は、その**産業部門**のなかでどれくらいの規模や位置づけにあるのか**数量的に**把握しておくことが大切だ。さらに、将来新規事業分野に参入を計画している場合、その市場はどれくらいの規模が存在し、どこと取引しており、どのくらい輸入に依存しているかを検討することも大変重要だ。

　それでは、日本国内にどれくらいの「業種」が存在するだろうか。わが国の最新工業統計によると、全体で512業種存在する。すなわち、1次（米、麦、畜産…）、2次（建設業、鉄鋼、自動車、機械、電子、コンピュータ…）、3次（サービス、小売り、卸売り、物流、病院、学校塾…）などの産業部門が512部門存在する。

　それらを1次（農林水産鉱）・2次（製造＆建設）・3次（流通＆サービス）ごとに束ねると、100部門、45部門、25部門、12部門と次第に単純化できる。結局、すべての産業は、1次・2次・3次の3部門にまとめられる。たとえば、北海道地域の主要産業は、農業林業などの1次産業（6％）と、食品加工製造が22％をしめる2次産業（26％）、そのほかは公務と商業・サービス産業に属する3次産業（68％）が主体である。そのため、北海道では、サービス業に多いパート労働が多く、常用雇用の吸収力が低くて道民の所得水準も他府県に比べて低い。

疑問2　産業構造を数値的に把握できるか？

　第1章では、GDPを付加価値の合計として定義した。しかし、GDPが実現される過程で国内においてどのような生産活動が行われたか、その途中プ

ロセスが一切無視・省略されていた。

　だが、現実の市場経済の主役である企業の活動は、まさにそのプロセスである「BtoB」を担っているのだから、その途中プロセスは企業による事業活動そのものを表している。そこで、こうした「BtoB」を地域別・国別に集計し、比較可能な手段として「産業連関表」が開発された。

　「産業連関表（IO：Input-Output Table）」は、タテとヨコの経済活動を数値化することによってできる**表**である。はじめにタテは、企業の生産活動そのものを表す。たとえば、自動車を作るために自動車メーカーはさまざまな工作機械や資材を買い入れ、建設会社に依頼して最終組み立て工場を建設する。そして、人を雇用して訓練しながら、電気・ガス・水道を消費し、協力メーカーから専用部品を購入して、自社で設計開発した自動車を組み立て出荷・販売する。

　これに対してヨコは、そうした生産活動を支える販売活動を表す。たとえば、工作機械メーカーは国内に存在する自動車メーカーのみならず、同様に工作機械を必要とする国内企業に広範囲な納入先をもっている。

　その結果、タテの数だけ**納入元**が存在することになる。同時に、ヨコの数だけ**納入先**が存在し、海外から引き合いがあれば輸出もする。商社経由の場合もあるが直接納入ももちろんある。それゆえに、産業連関表を実体経済に即して理解するためには、はじめに**タテから考える**ことが重要だ。

　以上の一連の流れを図示すると、図表6-2のとおりである。はじめにタテからみると、工作機械メーカーから始まり、多くの**納入元**がタテに並んでいることがわかる。

　これを結果的にヨコからみると、**納入元**の企業にとって、**納入先**として自動車会社や海外顧客（輸出）が存在し、しかもその納入先は営業努力によって拡大する。つまり、産業部門に属する**納入元**と**納入先**に属する企業が多ければ多いほど、サプライチェーンの網の目が複雑化し、それだけ産業構造は高度化しているといえる。

図表6-2　自動車メーカーの産業連関

納入元	納入先（自動車会社）	納入先（海外輸出）
工作機械会社	＞工作機械購入	＞工作機械購入
建設会社	＞工場建設	（輸出なし）
部品会社	＞部品購入	＞部品購入
電力会社	＞電力購入	（輸出なし）
ガス会社	＞ガス購入	（輸出なし）
水道公社	＞水道購入	（輸出なし）
労働市場	＞雇用	（輸出なし）

　それゆえに、産業構造を知ることは、あらゆる経済分析およびビジネスモデル決定の根幹として考えられる。たとえば、既存分野における継続・発展・撤退や、新規分野への進出を考えるにしても、既存の産業と新規の産業がどのような関わりをもって経済が成り立っているかを事前に知っておくことはきわめて有用である。

❷ 産業連関表（IO）の基本構造

　産業構造を国や地域ごとに数字で把握するために、産業連関表（IO）が開発された。それは経済学の歴史においてそれほど古いことではなく、1941－44年にかけてハーバード大学経済学部のレオンティエフ（Wassily Leontief）教授によって実用化された。その後、こうした理論と技術は日本において戦後復興計画を策定するにあたり実用化され花開いた。現在でも、産業連関表を国および地方レベルで一貫して定期的に（5年に1度）作成公表している国は、先進国で日本のみといった状態にある。

> 疑問3　産業連関表（IO）の構造とは？

はじめにタテからみると、中間投入＋付加価値＝産業部門別生産額が表される。

図表6-3は産業連関表の基本構造を示している。産業連関表の**タテ**の構造は、国民経済（マクロ）の視点に立つと、中間投入（納入先企業における原料仕入れ）＋付加価値（納入先企業における粗利）＝総供給（納入先企業における生産額）と理解できる。

つまり、総供給－中間投入＝付加価値だから、産業連関表のすべての生産の合計から中間投入のすべてを差し引くと、付加価値の合計が計算できることとなる。

そして、国内で今年新たに（1年間で）生み出された付加価値の合計はGDP（Gross Domestic Product＝国内総生産）と呼ばれる。これをIOのタテ構造に置き換えると、自動車メーカーが生産した自動車の生産額から他企業から買い入れた額を差し引いた会社の粗利となるが、これを部門別に集計するとGDPはいったいどの産業部門からどれくらい生み出されたかが判明する。

次にヨコからみると、中間需要＋最終需要＝産業部門別生産が表される。

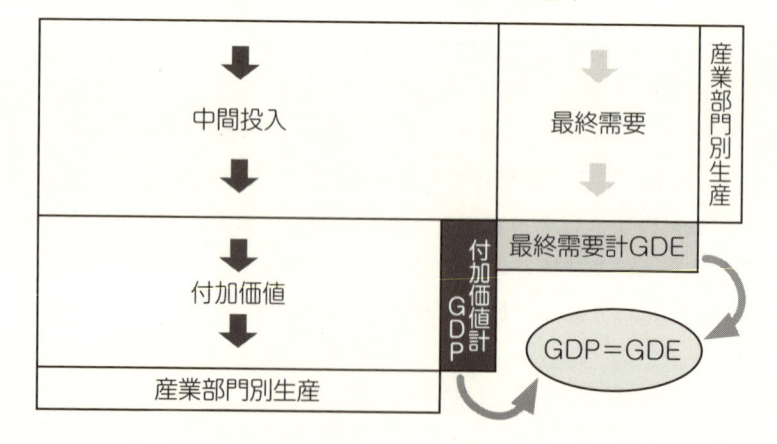

図表6-3　タテにみる産業連関表

```
     ↓                    ↓
  中間投入              最終需要         産業部門別生産
     ↓                    ↓
                              ┌─────────────
     ↓              付加   最終需要計GDE
  付加価値          価値
     ↓             計GDP    GDP＝GDE
  産業部門別生産
```

図表6-4　ヨコからみる産業連関表

　図表6-4における産業連関表の**ヨコ**の構造は、国民経済（マクロ）の視点に立つと、中間需要（各部門の中間原料供給）＋最終需要（各部門の最終製品向け需要）＝総需要（各部門の生産額）と理解できる。

　つまり、総需要－中間需要＝最終需要だから、産業連関表のすべての生産の合計＝総需要から中間需要のすべてを差し引くと、最終需要の合計が計算できる。

　こうした国内で今年新たに（1年間で）生み出された最終需要の合計はGDE（Gross Domestic Expenditure＝国内総支出）と呼ばれる。これをIOのヨコ構造に置き換えると、ここでは、産業部門別最終需要から、どの産業部門がどれくらいの消費や投資、公共事業、輸出・輸入に用いられたかわかる。

> **疑問4**　高付加価値と低付加価値の違いとは？

　実際の産業連関表に即していえば、「中間投入額」＋「付加価値額」＝「生産額」であるから、異なる産業部門間において生産額が同じ場合、生産に要する中間投入が少ないほど、付加価値は増加する。つまり、省資源型と

第２部　産業構造とイノベーション

いえる。ここで部門別に、「中間投入額」を「生産額」で割ったものを「**投入係数**」と呼ぶ。同じく、部門別の「付加価値額」を「生産額」で割ったものを「**付加価値率**」という。

　たとえば、鉄鋼１単位をつくるのに必要とされる電力エネルギーを国際比較するには、**国際産業連関表**を用いて国別の鉄鋼生産にかかわる「投入係数」を各国間で比較すればよい。投入係数が低ければ低いほど、低エネルギー投入（＝省エネ型）といえる。

　産業連関表は、国全体のほかに、国内地域別でも５年に一度定期作成公表されている（集約版は**総務省ウェブサイト**よりエクセル形式でダウンロード可能）。そのため、過去20-30年間に存在する５年ごとの産業連関表の投入係数を横断比較することによって、電力・ガスなどのエネルギー投入が変化する５年ごとの時間的変化を、産業部門別にグラフ化し比較することが可能である。

図表6-5　1990-2005年我が国電力部門における投入係数の変化

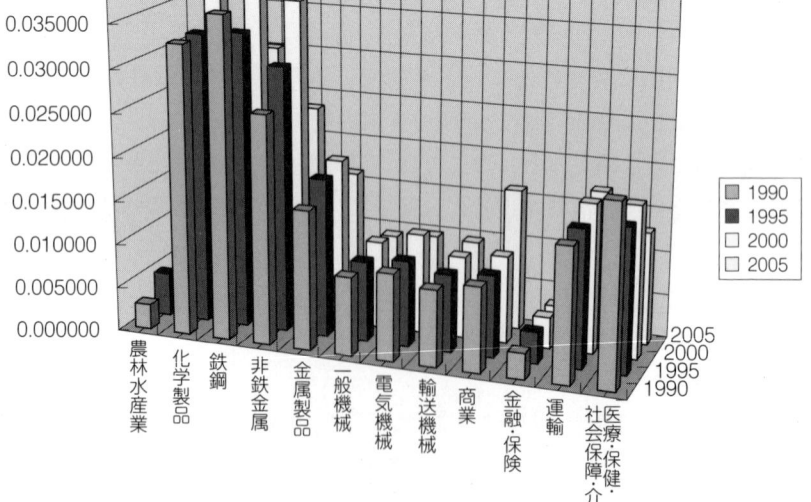

図表6-5は、手前から奥に向かって1990-2005年まで、5年ごとに過去15年間の国内12部門における電力部門からの投入係数変化をグラフ化したものである。

　そこから読み取れることは次の2点である。すなわち、①化学・鉄鋼・非鉄金属の3部門で圧倒的に電力が投入されている、②同3部門で1990年から2000年にかけて電力投入は著しく増加したものの、2005年にかけて投入水準は激減し、1990年の水準を下回るようになった。

　つまり、バブル崩壊後も2000年まで増え続けた電力投入は、2000年を境として急激な省エネルギー構造へと劇的に変化したことが図表から読み取れる。これに反して、商業部門における2000-2005年にかけての電力投入は大幅に上昇しており、深夜営業など通年電力消費型の店舗や大型化する冷蔵冷凍設備の増加が原因となっているものと考えられる。

　いずれにしても、昨今の原発を巡る国内議論で、もしも国内電力供給に制約が加わると、化学・鉄鋼・非鉄金属および商業部門に多大なマイナスの影響が発生することが理解される。

図表6-6　2005年の国内主要産業付加価値率比較

	農林水産業	化学製品	鉄鋼	輸送機械	情報・通信機器	商業	金融・保険	医療・保健・社会保障・介護
中間投入率	0.471954	0.733163	0.761740	0.807511	0.765493	0.315517	0.363884	0.399802
付加価値率	0.528046	0.266837	0.238260	0.192489	0.234507	0.684483	0.636116	0.600198
国内生産額	1.000000	1.000000	1.000000	1.000000	1.000000	1.000000	1.000000	1.000000

コラム

● 「産業連関表」の起源　フランソワ・ケネー (1694-1774)

フランソワ・ケネー（François Quesney）は、フランス革命前の王室付外科医としてルイ15世の侍医となる。重なる英国との海外植民地戦争や、王室の贅沢、また穀物輸出禁止令により、フランス農業者は重税にあえぎ農業部門の再生産投資がままならず疲弊を深めていた。こうした経済環境の悪化は後のフランス革命の原因となっていった。これに危機感をいだいた医師ケネーは、人体において血液が循環して生命を維持している医師としての知見を背景として、経済においても貨幣が循環して人体に相当する経済を維持していると考えた。そして、自ら経済学を学び農業があらゆる経済循環の発端にあることを見抜き、フランス農業再建のための税制改革と穀物輸出自由の必要性を国王に進言した。そのためケネーは「重農学派」の祖と呼ばれ、アダム・スミス（Adam Smith）にも彼のパリ滞在中に多大な影響を与えた。

ケネーは、これら独学による研究成果を1758年『経済表』（Tableau economique）としてまとめ出版した。このなかでケネーは、一国の経済は「農業にはじまり農業に帰る」という経済再生産表としての『経済表』を完成した。これが、20世紀に入ってレオンティエフによる産業連関表の起源とされている。

● 「産業連関分析」の開発者　W・レオンティエフ (1906-1999)

レオンティエフ（Wassily Leontief）はロシア革命前の帝政ロシアに生まれ、ドイツ留学と亡命ののち、米国ハーバード大学助手となったのちは米国人として終身米国で生涯を送った。ちなみにそのときのハーバード大学における指導教授は、第8章に登場するイノベーション理論で世界に知られるオーストリア・ハン

ガリー帝国出身の亡命学者シュンペーター（Joseph A.Schumpeter）教授であった。ここに、レオンティエフ教授の略歴を記す。

〈W・レオンティエフ教授略歴〉

1906年　　　　　帝政ロシア・レニングラード生まれ
1925年（19歳）　旧ソ連・レニングラード大学卒業
1928年（22歳）　家族とともに独に亡命して、ベルリン大学経済学博士
1931年（25歳）　米ハーバード大学助手
1941年（35歳）　産業連関表を用いた最初の実証論文『アメリカ経済の構造』発表
1946年（40歳）　同大学教授
1948－73年（42－67歳）ハーバード大学付属経済研究所長
1973年（67歳）　ノーベル経済学賞受賞
1975－99年（69－93歳）米ニューヨーク大学教授
1999年（93歳）　ニューヨークにて死去

写真：ノーベル財団公式ウェブサイトより。

●**わが国における産業連関表の実用化**

　1955年総務省・通産省・経済企画庁などが、戦後の国内経済立て直しのために必要な鉄鋼や電力の供給計画策定のため「1951年産業連関表（182部門）」を公表した。以後1955年を起点として、5年単位で作成が現在でも続けられている。これには、一橋大学および慶應義塾大学の経済学部が大きく貢献した。

　続いて1959年に地域レベルで国内初「1955年北海道産業連関表（30部門）」作成が、札幌通商産業局（現北海道経済産業局）の要請に基づき小樽商科大学（マンガ「天才柳澤教授」に描かれる古瀬大六教授らが中心）で開発された。以後、1960年を起点として5年単位で北海道開発庁・経産局中心となり、現在でも地域表は作成公表が続けられている。さらには、これらの地域レベルの産業連関表が移出と移入を通じて他地域と結びつく「地域間産業連関表」が電力中央研究所・旧通産省・筑波大学などで開発され実用化された。

さらに、国内産業の「付加価値率」を国内主要産業8部門ごとに比較すると、それぞれの産業部門における収益力を比較できると同時に、さまざまな産業構造の比較が可能になる。

たとえば、生産額が同じ産業部門が2つ存在し、一方の付加価値率が低い場合、他部門からの原材料購入が多いということを意味する。反対に、生産額が同じで付加価値率が高い産業部門が存在するということは、他部門からの原材料購入が少ないことを意味する。

また、同じ付加価値率であっても、商業部門など雇用数が多い産業部門では1人当たり賃金が少ない代わりに国内雇用面への貢献が大きく、金融保険業など雇用数が少ない部門では1人当たり賃金は大きいが国内雇用面への貢献は小さいことがわかる。

最後に産業連関表の右側に示される部門別の「最終需要」をみると、国民所得計算上で**民間最終消費支出、民間企業設備投資、公的固定資本形成、輸出・輸入**と呼ばれる集計値が、産業連関表のタテの産業部門と同数に分割表示されている。これによって、たとえば新幹線をある地域に建設した場合、新幹線の建設にあたって建設機械やコンクリート、鉄鋼は同一域内でどれくらい調達されたか、もしくは域外からどれくらい移入・輸入されたかを推計できる。

> **疑問5** 産業構造を高度化するものは？

産業構造を高度化するためには、交差する点の密度を高めてゆく必要がある。それは、政府の巨大化でもなし得ないし、特定の大企業による市場の寡占化でも達成されない。それは唯一、生産手段の組み替えを自らのミッションとするところの**新規参入企業＝ベンチャー**の誕生如何にかかっている。

それゆえに、ベンチャーの創造は産業構造の高度化と連動しており、既存企業における選択と集中・リストラクチャリング・M＆Aもまた、産業構造の高度化と連動している。つまり、ベンチャーと既存企業における自己革新

がイノベーションを引き起こし、結果として**産業構造が変化ないし高度化**する。それゆえに、企業の新陳代謝がなければ、産業構造の衰退が始まり明日の経済は成り立たない。そうした意味で、市場から消える企業と同数以上の新規企業が生まれる社会は健全であり、イノベーションが進んでいる活力ある産業構造を維持している証拠といえる。

❸ 2部門産業連関表のケース分析

疑問6　農業と工業だけのナルニア国産業連関表とは？

産業連関表を用いた産業連関分析を理解するために最も重要なポイントは、コンピュータに頼らず手計算で体得することにある。

ここでは、手計算が可能な範囲の計算量に抑え、かつ一国の産業連関を具体的にイメージできるように、外国貿易がなく**農業**と**工業**の2産業部門しかない仮想上の「ナルニア国」における産業連関表を想定してみよう。ナルニア国は日本の江戸時代と同じく鎖国状態にあって、外国との貿易が一切ない。単位は億円とすればわかりやすいだろう。

図表6-7　ナルニア国の2部門産業連関表

中間投入		中間需要（AX）		最終需要（F）	生産額（X）
		農業	工業	最終需要	生産額
	農業	10	20	70	100
	工業	40	100	60	200
付加価値		50	80	130	
生産額		100	200		

（タテ：付加価値計＝ＧＤＰ＝50＋80＝130）
（ヨコ：最終需要計＝ＧＤＥ＝70＋60＝130）

第2部　産業構造とイノベーション

分析手法

　すでに説明したとおり、産業連関表はタテから分析を開始する。タテで、はじめに求められる情報とは「投入係数」と呼ばれる原材料の投入比率である。これは、中間投入を生産額で割ることによって、それぞれの産業部門で投入がいくらであったかという各部門別の値である。

$$10/100=0.1, \quad 20/200=0.1$$
$$40/100=0.4, \quad 100/200=0.5$$

そこで、「2部門の産業連関表」を計算された投入係数を用いて連立一次方程式として表現すると、下式になる。

$$0.1 \times X1 + 0.1 \times X2 + 70 = X1$$
$$0.4 \times X1 + 0.5 \times X2 + 60 = X2$$

上式を展開すると

$$0.1 X2 + 70 = (1-0.1) X1$$
$$0.4 X1 + 60 = (1-0.5) X2$$

ゆえに

$$0.1 X2 + 70 = 0.9 X1$$
$$0.4 X1 + 60 = 0.5 X2$$

つまり

$$-0.9 X1 + 0.1 X2 = -70$$
$$0.4 X1 - 0.5 X2 = -60$$

前式1本目の式を全体で5倍すると

$$-4.5X1+0.5X2=-350$$
$$0.4X1-0.5X2=-60$$

両式を合計すると$X2$が消えるから

$$-4.1X1=-410$$
$$X1=-410/-4.1$$
$$\underline{X1=100}$$

同様にはじめの式に$X1=100$を代入すると

$$-4.5(100)+0.5X2=-350$$
$$-450+0.5X2=-350$$
$$0.5X2=-350+450$$
$$X2=100/0.5$$
$$\underline{X2=200}$$

こうして、2本の連立方程式は仮想ナルニア国の産業構造を正確に表していることが証明された。

しかしながら、以上のような手間のかかる手計算の連立方程式を使わなくても、行列を用いて表現すれば一気に計算可能である。加えて、第2部準備編には、行列計算の基本を紹介しているので、参照されたい。

前に示した連立方程式を行列を用いて表現すれば以下のようになる。

$$\begin{pmatrix} 0.1 & 0.1 \\ 0.4 & 0.5 \end{pmatrix} \begin{pmatrix} X1 \\ X2 \end{pmatrix} + \begin{pmatrix} 70 \\ 60 \end{pmatrix} = \begin{pmatrix} X1 \\ X2 \end{pmatrix}$$

このとき、投入係数をまとめた行列を「A行列（投入係数行列）」と呼ぶのが一般的である。さらにX_1とX_2をまとめてX、70と60をまとめてFと表わせば、以下の簡単な式になる。

$$AX+F=X$$

これをIOの基本バランス式という。
ここで、AXを右辺に移項して変形すると、

$$F = X - AX$$
$$F = (I-A)X$$

但し、I行列は単位行列である。なお、行列やベクトルの計算についても、第2部準備編をあらかじめ読んでおいてほしい。

上の式の両辺に$(I-A)$の逆行列$(I-A)^{-1}$を左からかけると以下のようになる。

$$(I-A)^{-1} \times F = (I-A)^{-1} \times (I-A)X$$
$$(I-A)^{-1} \times F = X$$

今前年が$(I-A)^{-1}F_{t-1}=X_{t-1}$、今年が$(I-A)^{-1}F_t=X_t$とすれば、$\Delta X = X_t - X_{t-1}$、$\Delta F = F_t - F_{t-1}$として、増減$\Delta X$、$\Delta F$について以下の式が得られる。

$$(I-A)^{-1} \times \Delta F = \Delta X$$

この$(I-A)^{-1}$を**レオンティエフ逆行列**という。

つまり、最終需要Fを変化させたΔFに対して、左から（産業部門数分のタテとヨコを有する）投入係数の逆行列を掛けると、各産業部門における総生産の増分（＝たとえば公共事業の変化）が最終的に生産水準に及ぼす波及効果を含んだΔXを計算（＝シミュレーション）できる。それゆえに、産業部門ごとの最終需要の変化をインプットすると、一国全体の生産額の変化をアウトプットできる。

疑問7　レオンティエフ逆行列はどう役に立つ？

最終的にF行列に農業70と工業60を代入して、左から逆行列を掛けた結果が

農業100、工業200となれば、逆行列は正しいと検算できる。2部門の産業連関表で、$(I-A)^{-1}$を求めてみよう。正確を期して小数点第4位まで計算しよう。

$$(A) = \begin{pmatrix} 0.1 & 0.1 \\ 0.4 & 0.5 \end{pmatrix}$$

$$(I-A) = \begin{pmatrix} 1 & 0 \\ 0 & 1 \end{pmatrix} - \begin{pmatrix} 0.1 & 0.1 \\ 0.4 & 0.5 \end{pmatrix}$$

$$(I-A)^{-1} = \begin{pmatrix} 0.9 & -0.1 \\ -0.4 & 0.5 \end{pmatrix}^{-1}$$

$$= \begin{pmatrix} 0.5/(0.9 \times 0.5 - (-0.1 \times -0.4)) & 0.1/(0.9 \times 0.5 - (-0.1 \times -0.4)) \\ 0.4/(0.9 \times 0.5 - (-0.1 \times -0.4)) & 0.9/(0.9 \times 0.5 - (-0.1 \times -0.4)) \end{pmatrix}$$

さらに、逆行列が正しく求められていた場合、その逆行列を左から最終需要に積した場合、部門別生産額が一致するはずなので、実際に逆行列Aと最終需要Fを掛け合わせてみよう。

$$(I-A)^{-1} = \begin{pmatrix} 1.2195 & 0.2439 \\ 0.9756 & 2.1951 \end{pmatrix}$$

$$(I-A)^{-1} \times (F) = \begin{pmatrix} 1.2195 & 0.2439 \\ 0.9756 & 2.1951 \end{pmatrix} \times \begin{pmatrix} 70 \\ 60 \end{pmatrix}$$

$$= \begin{pmatrix} 1.2195 \times 70 + 0.2439 \times 60 \\ 0.9756 \times 70 + 2.1951 \times 60 \end{pmatrix}$$

$$= \begin{pmatrix} 100 \\ 200 \end{pmatrix}$$

それでは次に、最終需要が工業部門で+10増加(ΔF)が工業のみならず、農業部門にどのような影響をもたらすか計算してみよう。

$$(I-A)^{-1} \times (F) = \begin{pmatrix} 1.2195 & 0.2439 \\ 0.9756 & 2.1951 \end{pmatrix} \times \begin{pmatrix} 70 \\ 70 \end{pmatrix}$$

$$= \begin{pmatrix} 1.2195 \times 70 + 0.2439 \times 70 \\ 0.9756 \times 70 + 2.1951 \times 70 \end{pmatrix}$$

$$= \begin{pmatrix} 102.44 \\ 221.95 \end{pmatrix}$$

計算の結果、ΔFの工業に対する需要が＋10.00であった場合、工業部門の生産額が＋21.95増加するのみならず、農業部門でも＋2.44増加する結果が得られた。これは、産業連関表を用いた典型的なシミュレーション分析であり、産業部門同士が複雑に絡み合った現実経済を表している。つまり、工業部門における生産額増加は、他部門にまで波及効果をもたらすことを数値的に示すことができるのだと証明される。

そこで、以上の2部門産業連関表を用いたΔFに至る計算を、実際に**紙とエンピツ**を用いて計算することが可能だ（もちろん、電卓を用いればアッという間に計算できる）。

すなわち、$AX+F=X$というIOの基本バランス式を自ら展開したのち、レオンティエフ逆行列を求め、さらに工業部門におけるΔFを＋10変化させた行列計算を行えば、単に工業部門のみならず、農業部門の増加額も計算可能である。このような効果は、**生産誘発効果**と呼ばれる。

❹ 次の課題

産業と産業の交差する点が多くなればなるほど、その産業構造は高度化する。すなわち、サプライチェーンが複雑になる。しかしながら、もしも同じ生産額の産業部門どうしを比較した場合、付加価値の少ない方がＧＤＰに貢献しないという意味で、衰退産業であるとみることはあまりに単純すぎる。

本章末問題を例にとると、タテにみた農業と工業の生産額はともに200だが、農業部門の付加価値は工業部門の半分に過ぎないので、「農業は衰退産業である」としばしばいわれる。ところが、双方の生産水準が同じで農業の付加価値が半分ということは、農業部門における中間投入＝他部門からの買い入れが工業部門の50％高い水準にあることを意味する。つまり農業は、その生産にあたって1次・2次・3次産業からまんべんなく資材を購入し、たとえ高度な工業地域でなくても地域に十分な雇用をもたらす優れた産業構造を有しているからだ。つまり、低付加価値イコール衰退産業と単純にみなす

べきではない。

　私たちは、ともすれば**付加価値＝いくら儲かっているか**に目をやりがちだが、一国の産業経済は無数の他産業部門が幾重にも折り重なった高度な産業構造で成り立っていることを再認識すべきである。そうした視点で自社や自分が所属する産業部門のみならず、他社・他産業部門をみる複眼の視点で広く産業経済を見通すことは、産業経済をリードするべきビジネスパーソンに必須の素養といえる。

　第7章では、実際の産業連関表を用いて現実経済の分析に挑戦する。そのためには、行列が100行、200行と増加するのでコンピュータによるシミュレーション分析が不可欠である。その分析手法を学んでいただきたい。

コラム

●レオンティエフ逆行列

　本論で扱う逆行列は、別名「レオンティエフ逆行列」とも呼ばれ、レオンティエフ教授は産業連関表開発とその分析手法の業績によって1973年にノーベル経済学賞を受賞した。

　ちなみに、レオンティエフ教授が1936年に作成した米国産業連関表は10部門であったことから、逆行列もタテ・ヨコ10であった。これは10元1次連立方程式を解くことと同義である。他方、人類最初の行列計算が可能なコンピュータは、1944年ペンシルヴァニア大学が米国陸軍向けに開発したものが最初であったから、当然、レオンティエフ教授の行列計算には間に合わず、教授は有能な女性秘書の力を借りながら手回しの機械式計算機を用いて、人類最初の逆行列を用いたシミュレーション分析を行った。

　今日では、64ビットのWindowsパソコンに内蔵されるエクセル（表計算ソフト）を用いると最大256列までの逆行列計算が可能である。次章の「産業連関分析の応用例－貿易自由化シナリオ－」では、エクセルを用いた大容量計算が個人でも可能となった。

第2部　産業構造とイノベーション

=== 練習問題 ===

以下の農業と工業だけで成り立つ空想上の「ナルニア国」が存在する場合、人口増加によって農業の最終需要（F）が10％＝10単位増加した場合、農業および工業の総生産はどれくらい増加するか計算しなさい。

2部門産業連関表

中間投入		中間需要（AX）		最終需要（F）	生産額（X）
		農業	工業	最終需要	生産額
	農業	80	20	100	200
	工業	70	80	50	200
付加価値		50	100		
生産額		200	200		

〈正解〉　農業＋18.46（200→218.46）
　　　　　工業＋10.77（200→210.77）

第 7 章

産業構造を解析する

　第6章では、産業構造を数値的に表現できる産業連関表（IO）を学んだ。そこで本章では、いよいよ現実経済が直面する経済構造にかかわる課題を、産業連関分析を用いてシミュレーション分析するための手法を学ぶ。こうした分析手法は、政府やシンクタンクが発表するどのようなシミュレーション分析でもまったく同じ手順で計算されているので、一度その方法を学べば、それらに基づいて発表される記事・論評についても違和感なく理解できるようになる。
　そのために、ここではTPP・EPAに象徴される国内農産物の自由化や、円高等によって引き起こされる国内自動車産業の急激な輸出落ち込みが、国内産業経済に及ぼす影響についてシミュレーション分析してみよう。

第2部　産業構造とイノベーション

第7章の読み進め方

【1】産業構造の解析手法（IO分析）

　　現実経済を舞台にさまざまなシミュレーション分析が可能となる産業連関分析では、はじめにわが国でどのような産業連関表が使用できるか確認する必要がある。それらは、総務省統計局のウェブサイトから入手可能である。

【2】農業自由化シミュレーション

　　現在話題となっているＴＰＰやＥＰＡについて、それが国際競争力のコスト面で著しく弱いといわれる国内農業にどのような影響を及ぼすか、産業連関分析を使えば瞬時にシミュレーション可能であることを理解する。

【3】自動車輸出減少シミュレーション

　　現在、自動車産業はわが国の経済と雇用を支える大黒柱である。もし仮に、大切な国内自動車産業が震災や円高によって海外に流失し、かつ国内の空洞化現象が起きた場合、他の産業に一体どのような影響を及ぼすのであろうか。そのシミュレーション手法と結果を学ぶ。

【4】次の課題

　　国内農業にしても、自動車産業にしても、やがて国内産業のグローバル化とある程度の国内縮小は避けて通れない。だからといって、これを見過ごすようなことをすれば国内経済の弱体化と失業の慢性化は避けられない。こうした事態を打開する唯一の方法は、産業構造の高度化によって失った産業を新たな産業で補っていくことである。その展望を歴史から学ぶ。

ケース

[社説] 日豪EPA 何を譲歩して何を守るのか

農業大国・豪州との経済連携協定（EPA）交渉が始まる。日本の長期的な農業戦略を確立する契機とすべきだ。安倍首相とハワード豪首相が昨年末、交渉開始で合意していたが、スタートは遅れ、ようやく第1回交渉にこぎつけた。

世界各国が自由貿易協定（FTA）やEPAの締結を加速する中で、日本は大きく出遅れている。農産物の市場開放への強い抵抗が障害になっている。日豪貿易は、日本の豪州向け輸出が1兆5000億円、輸入が2兆7000億円だ。輸入の22％を、牛肉、乳製品、小麦、大麦、コメなどの農林水産物が占める。石炭、天然ガス、鉄鉱石などの基礎的な資源でも重要な輸入先だ。

日豪は、安全保障の関係強化に向け、3月に共同宣言に署名した。EPAは食料、資源の安定供給など経済面でも両国関係を一層深める意味がある。だが、農水省の試算では、農産物関税を撤廃すると、安価な豪州産が流入して市場を奪われ、牛肉、小麦、砂糖、乳製品の重要4品目の国内生産額は7900億円減少するという。主産地の北

海道などは大きな打撃を受ける見通しだ。
農水省と農業団体は、重要4品目を関税撤廃の対象から除外するよう求めている。豪州は難色を示している。豪州は、米豪FTAで砂糖を例外とすることを受け入れてきたが、ほとんど進んでいない。先に合意した米韓FTAで、韓国はコメを例外にした。広大な農地で大規模生産する豪州と狭い国土の日本では、圧倒的な〝体力差〟がある。何を譲歩して、何を守るのか。市場開放を推進する立場から、日本は明確な戦略を描く必要がある。段階的に関税率を引き下げる「激変緩和」を導入し、その間に、農業の改革を加速して、国際

競争力を付ける──。難しい道だが、それを目指すしかない。

農業を含めたオープンな市場で、日本をどう発展させていくか。日豪交渉がうまくいけば、他国との交渉の展望も開けるはずだ。（傍点筆者加筆）

農水省は今月から、新しい農業補助制度の「品目横断的経営安定対策」を始めた。農地面積が一定以上の担い手農家や農家が集まった「集落営農」に限定して補助金を交付する仕組みだ。対象品目はコメ、大豆、麦などに絞っている。市場開放に伴う痛みを克服するため、新制度を早く軌道に乗せるべきだ。安倍政権は、日本の成長戦略として、EPA推進を掲げる。農業を含めたオープンな市場で、日本をどう発展させていくのか。日豪交渉がうまくいけば、他国との交渉の展望も開けるはずだ。」（傍点筆者加筆）

（出所）『東京読売新聞』20 07年4月23日朝刊より。

1 産業構造の解析手法（IO分析）

　農業自由化問題に関して多くのマスメディアが報じている。それらを整理すると、①農業貿易が今後自由化され低価格の農産物やその加工品が国内で自由に流通すると、国内農産物価格は大幅に下落せざるを得ず、国内農業は壊滅する。②農産物価格低下は国内生活コストを下げることから、消費者余剰が拡大して実質的な国民所得の向上に寄与する、という相反する2つの論調がある。

　農業生産者はもちろん、農業に関与する政府・地方自治体、関連企業団体はこぞって農業輸入自由化に反対する。反対に輸出競争力のある工業部門や安価な食材を求める小売・外食産業は、低コストな輸入食材を求めて全面的な農業輸入自由化を主張する。それは、19世紀英国で国を二分した「穀物法」論争から基本的に変わらない先進国特有の政治経済問題だ。そして政治家たちは、自らがどの支持基盤に立つかで自らの政治的態度を決定する。

　それでは、自由貿易体制を堅持するために、国内農業に関して何を捨て（＝あきらめ）、何を残す（＝守る）べきなのであろうか。そのような政策決定を行う（＝海外との貿易協定を調印する）前に、対象農産物を主力生産している国内地域の産業経済に対して一体どのような影響を及ぼすのか、政策決定者（＝中央政府・首相・担当大臣・地方政府）は事前に数量的に把握していることが求められる。

> **疑問1**　主産地北海道経済の大打撃は計算可能？

　こうした疑問に数値で明解な解答を得られる手法が第6章で学んだ産業連関分析である。また、農業輸入自由化は画一的でないことから、さまざまなシナリオを想定して計算条件としてインプットすると、それぞれのシナリオに応じた経済活動の変化を農業部門はもちろん、他の産業部門ごとに推計で

きる。前章で計算したのは、たとえ工業における変化であっても農業部門に変化が生じるケースだ。

もちろん、分析の前提となる産業連関表には、現実経済を表す正確さと緻密さが求められるが、日本では5年おきに膨大な作業を経て内400の部門から構成される基本表を作成・公表している。なお、総務省統計局のウェブサイトで「統計表一覧」(http://www.stat.go.jp/data/io/ichiran.htm) にアクセスすると、表形式ファイルをダウンロードすることができる。

下記は、政府統計の総合窓口「e-Stat」掲載の統計表である。

図表7-1　ダウンロード可能な産業連関表

平成7－12－17年接続産業連関表
平成17年（2005年）産業連関表（確報）
平成17年（2005年）産業連関表（速報）
平成12年（2000年）産業連関表（確報）
平成7年（1995年）産業連関表（確報）
平成2－7－12年接続産業連関表
昭和60年－平成2－7年接続産業連関表

これらを用いて、農業自由化が地域経済に及ぼす影響を推計してみよう。なお、上のIO表は、190部門表－108部門表－34部門表というように、前章で扱った2部門表よりはるかに大きく細分化された精緻な表である。さらに、現実経済に即して最終需要（F）における、輸出（＝海外へ）や移出（＝国内他地域へ）、輸入（＝海外から）や移入（＝国内他地域から）が各産業部門数だけ独立している。

❷ 農業自由化シミュレーション

仮に日豪自由経済協定（EPA）が結ばれたら、豪州産の安価な農産物流

入によって特定地域（主要畑作・畜産で全国の60％を供給する北海道）の経済はどのような影響を受けるだろうか。

分析の課題とシナリオ設定の道筋を理解するため、はじめに地域農業経営に密着した記事を調べる。次に、シミュレーション分析に欠かせない分析手法、シナリオ設定、そしてエクセルによる計算手法を学ぶ。

> **疑問2** 中間投入における輸入分はどのように取り扱うのか？

分析に際して、中間投入および国内最終需要から輸入分をあらかじめとり除く必要がある。なぜならば、われわれは日常海外からの製品のみならず輸入原料を国内の中間投入で大量に需要している結果、あらかじめこれらの輸入原料を除去できなければ、国内需要の変化（ここでは輸入農産原料の流入による国内農産物需要の減少）が国内農業にもたらすマイナスの生産誘発効果を正しく推計できなくなるからである。

そのため、前章で導入した輸入分を無視した**単純な逆行列**から、輸入分をあらかじめ除去した**新たな逆行列**を用いる。

以前の単純な逆行列は、IOの基本バランス式から以下のようにして得られた（188ページを参照）。

$$AX+F=X$$

から

$$(I-A)^{-1} \times \Delta F = \Delta X$$

次に、それぞれの項目から輸入分を取り除く計算をしよう。但し、FDは輸出分を除く国内最終需要、Eとは純粋な輸出、$(I-M)$とは輸入分を除去するための係数を意味する。まず、輸入を除いた中間需要、最終需要を用いても、基本的なバランス式が成り立つので、以下の式が得られる。

AX（輸入分を除いた中間需要）
$+FD$（輸入分を除いた最終需要）$+E$（輸出）
$=X$（生産額）

ここで、産業連関表から計算される最終需要FDにおける部門別輸入額から計算される輸入係数行列をMとすると、輸入分を除去するための係数行列は$(I-M)$で表される。だから、$(I-M)$を左から通常の中間需要AXに掛けると、輸入分を除去することができる。これについては第2部準備編に詳しく解説している。

$AX+FD+E=X$より、輸入分を含まないEを除くAX（中間需要）とFD（国内需要）に対して輸入分を除去するため左側から$(I-M)$を掛けると、

$$(I-M)AX+(I-M)FD+E=X$$
$$(I-M)FD+E=X-(I-M)AX$$
$$(I-M)FD+E=\{I-(I-M)A\}X$$

したがって、左辺のXに関わっている逆行列を左から掛けると、以下の式が得られる。

$$\{I-(I-M)A\}^{-1}\times\{(I-M)FD+E\}=X$$

ここで、FDおよびEの増分をΔFD、ΔEとすると

$$\{I-(I-M)A\}^{-1}\times\{(I-M)\Delta FD+\Delta E\}=\Delta X$$

となる。その結果、輸入分を除いた国内最終需要および輸出の増分または減少に対して、左から輸入分を除いた投入係数の逆行列を掛けると、国内総生産の純増分または純減分が計算できる。

第2部　産業構造とイノベーション

> **疑問3**　北海道から他地域への農産物移出減少の影響は？

　日豪EPAの締結によって、安価な豪州産の牛肉、小麦、砂糖、乳製品が国内に大量に流入する結果、それらの主力生産地である北海道から国内他地域への移出が減少すると考える（＝移出半減シナリオ）。

　現在のところ、道外への農産物輸出は少量の例外を除き実現していない。したがって、農産物輸入自由化による国内農業への影響は、最初の段階では**北海道から他地域への農産物移出減少**という段階を経て、最終的に**北海道内での生産農家の離農・廃業**へと進むと考えられる。それゆえに、本シナリオでは、最初の**北海道から他地域への農産物移出減少**により、地域経済への生産減少効果を計測する。

　本シナリオを産業連関分析に応用するためには、前式における輸出減少（ΔE）を、国内地域＝国内他地域の視点から**移出減少**をΔEとみなす。すなわち、

$$\{I-(I-M)A\}^{-1} \times \{(I-M)FD + \Delta 移出\} = \Delta X$$

であり、同時に、地域内の最終需要が農産物輸入自由化によって影響を受けない（＝中立）と想定すると、

$$\{I-(I-M)A\}^{-1} \times (北海道農産物移出-50\%) = \Delta X$$

図表7-2　国内農業生産額と北海道のシェア・生産額

	国内生産額		北海道シェア		道内生産額
牛肉・・・	2,500億円	×	15.5%	=	387億円
小麦・・・	1,300億円	×	61.4%	=	798億円
砂糖・・・	1,300億円	×	80.0%	=	1,040億円
乳製品・・	2,900億円	×	46.7%	=	1,354億円
4品目計					3,579億円

となる。

　入手可能な北海道105部門表では、小麦が「穀類」に、牛肉が「と畜」に、乳製品が「畜産食料品」に、砂糖が「砂糖・油脂・調味料」にそれぞれ統合されている。そこで、統合による粗さはあるが、これら統合された最終需要の当該する道外支出額から推定減少額を引いて、逆行列との積を求め、変化がなかった場合と比較する。

　本章のケースが示す、オーストラリアが要求する関税撤廃で対象となる北海道農産物である牛肉、小麦、砂糖、乳製品の4品目のシナリオについては、以下のとおりである。

　シナリオ設定・・・EPA締結による輸入増加によって北海道から国内他地域への4品目の移出が一律1／2減少すると設定する。

図表7-3　シナリオ設定

牛肉	387億円	×	1／2	＝	193億円移出マイナス
小麦	798億円	×	1／2	＝	399億円移出マイナス
砂糖	1,040億円	×	1／2	＝	520億円移出マイナス
乳製品	1,354億円	×	1／2	＝	677億円移出マイナス

エクセル計算手法…7章末補論参照

　エクセルは、単なる表計算アプリケーションにとどまらず、相当規模の数値計算が可能である。なかでも演算コマンドを直接指示すると行列計算も立派にこなしてくれる。これを使えば、たちどころに個人PCのエクセルを用いた行列計算方法がマスターできる。読者は、章末に示されたエクセルの行列解法手順に従い、本章と同じデータを用いて自分のパソコンで計算してほしい。

　なお、現実的なアプローチとして、総務省・経済産業省・県・市町村が公表する産業連関表は、産業連関表はもちろんのこと、投入係数表や逆行列表までダウンロード可能である。それゆえ、105部門ほどの規模となると、チャレンジスピリットがある皆さんは初めから自前で計算してもよいが、なか

なかたどり着かない（宮澤健一（2001）『産業連関分析入門』日経新書、第1-3章参照）。

その場合、計算結果を得るためだけなら逆行列表をダウンロードしてからシナリオ設定をし、行列の積のみでシミュレーション分析が可能である。とはいえ、原理原則を大切にする読者は、投入係数の計算から是非スタートしてもらいたい。

疑問4　シミュレーション分析から何がわかるか？

図表7-4は、2000年北海道地域産業連関表105部門表を用いたシミュレーション結果を示している。

10％以上の生産額減少がみられたのは、当然のことながら、「と畜・肉・酪農品」－24.1％、「食用耕種農業」－11.6％、「農業サービス」－11.2％、「畜産」－10.7％、「肥料・有機質肥料」－9.7％の農業関連5部門であった。

だが、2ないし9％の生産額減少がみこまれる部門として、「化学肥料」－8.7％、「紙加工品」－5.4％、「貨物運輸取扱」－3.0％、「自動車・機械修理」－2.8％、「金融・保険」－2.6％、「水道」－2.4％、「公務」－2.2％、「建設補修」－2.2％などがあり、一見農業関連とは思えない部門においても2％を超える生産額減少が発生している。以上の結果は、農業がいかに他部門と多くの関わりをもって存在する地域の基幹産業であるかを教えてくれる。

注目すべきは、最終的な集計値の差分が－2,522億400万円、3.0％の減少率が生じていることだ。シナリオでの北海道から他地域への移出マイナス計は1,789億（193＋399＋520＋677）であったので、シナリオ前後で農業輸出減少の1.4倍に及ぶ地域産業の生産額減少がみられる。これらの減少は、もちろん農業生産額減少もあるが、それによって引き起こされた地域の他産業部門における生産額減少も重なって引き起こされた結果である。

以上から、何を捨て、何を守るべきか、という政策決定の前に、このようなシミュレーション分析が非常に迅速かつ有効であることが実証された。

第7章 ■ 産業構造を解析する

図表7-4　北海道から他地域への農産物移出1/2シナリオの結果
（減少率インパクト度：0-1%*；1-5%**；5-10%***）

			道内生産額 百万円	道内生産額 （農産物移出1/2）	減少額	減少率	インパクト度
一次産業	1	食用耕種農業	373,084	329,931	−43,153	−11.6%	＊＊＊
	2	非食用耕種農業	89,437	84,983	−4,454	−5.0%	＊＊＊
	3	畜産	439,910	393,046	−46,864	−10.7%	＊＊＊
	4	農業サービス	65,818	58,459	−7,360	−11.2%	＊＊＊
	5	林業	23,883	23,831	−53	−0.2%	＊
	6	漁業	239,447	239,385	−61	0.0%	
	7	金属鉱物	3,041	3,040	−1	0.0%	
	8	非金属鉱物	19,845	19,827	−18	−0.1%	＊
	9	石炭	8,576	8,566	−10	−0.1%	＊
	10	原油・天然ガス	6,788	6,766	−22	−0.3%	＊
二次産業	11	と畜・肉・酪農品	380,125	288,696	−91,429	−24.1%	＊＊＊
	12	水産食料品	598,771	598,707	−63	0.0%	
	13	精穀・製粉	57,778	56,905	−872	−1.5%	＊＊
	14	その他の食料品	280,879	273,573	−7,306	−2.6%	＊＊
	15	飲料	56,591	56,464	−127	−0.2%	＊
	16	飼料・有機質肥料（除別掲）	59,858	54,064	−5,794	−9.7%	＊＊＊
	17	たばこ	36,851	36,851	0		
	18	繊維工業製品	2,159	2,154	−5	−0.2%	＊
	19	衣服・その他の繊維製品	11,169	11,156	−13	−0.1%	＊
	20	製材・木製品	96,313	96,158	−155	−0.2%	＊
	21	家具・装備品	30,973	30,931	−42	−0.1%	＊
	22	パルプ・紙	381,581	381,098	−482	−0.1%	＊
	23	紙加工品	29,287	27,717	−1,570	−5.4%	＊＊＊
	24	出版・印刷	98,117	97,188	−929	−0.9%	＊
	25	化学肥料	18,873	17,229	−1,644	−8.7%	＊＊＊
	26	無機化学基礎製品	15,012	14,703	−309	−2.1%	＊＊
	27	有機化学基礎・中間製品	5,308	5,238	−71	−1.3%	＊＊
	28	合成樹脂	830	821	−9	−1.1%	＊＊
	29	化学繊維	60	60	−0	−0.2%	＊
	30	医薬品	12,622	12,606	−16	−0.1%	＊
	31	化学最終製品（除医薬品）	17,363	17,090	−273	−1.6%	＊＊
	32	石油製品	393,822	392,611	−1,210	−0.3%	＊
	33	石炭製品	12,177	12,152	−25	−0.2%	＊
	34	プラスチック製品	28,986	28,539	−447	−1.5%	＊＊
	35	ゴム製品	7,237	7,215	−21	−0.3%	＊
	36	皮革・皮革製品	4,361	4,360	−0	0.0%	
	37	ガラス・ガラス製品	5,418	5,379	−40	−0.7%	＊
	38	セメント・セメント製品	48,438	48,405	−32	−0.1%	＊
	39	陶磁器	59	59	−0	−0.2%	＊
	40	その他の窯業・土石製品	11,574	11,508	−66	−0.6%	＊
	41	銑鉄・粗鋼	100,728	100,691	−37	0.0%	
	42	鋼材	85,622	85,597	−25	0.0%	
	43	鋳鍛造品	15,891	15,890	−1	0.0%	

第2部　産業構造とイノベーション

	44	その他の鉄鋼製品	10,298	10,283	−15	−0.1%	*
	45	非鉄金属製錬・精製	3,342	3,339	−3	−0.1%	*
	46	非鉄金属加工製品	3,362	3,361	−1	0.0%	
	47	建設・建築用金属製品	46,641	46,596	−45	−0.1%	*
	48	その他の金属製品	34,400	34,171	−229	−0.7%	*
	49	一般産業機械	8,755	8,748	−7	−0.1%	*
	50	特殊産業機械	42,338	42,328	−10	0.0%	
	51	その他の一般機器	10,097	10,088	−9	−0.1%	*
	52	事務用・サービス用機器	16	16	−0	−2.0%	**
	53	民生用電子・電気機器	319	318	−0	−0.1%	*
	54	電子計算機・同付属装置	651	651	−0	0.0%	
	55	通信機械	82,618	82,618	−1	0.0%	
	56	電子応用装置・電気計測器	26	26	−0	−0.5%	*
	57	半導体素子・集積回路	29,711	29,707	−5	0.0%	
	58	電子部品	49,054	49,027	−27	−0.1%	*
	59	重電機器	24,643	24,640	−3	0.0%	
	60	その他の電気機器	22,804	22,800	−4	0.0%	
	61	自動車	103,615	103,560	−55	−0.1%	*
	62	船舶・同修理	9,726	9,719	−7	−0.1%	*
	63	その他の輸送機械・同修理	15,653	15,650	−3	0.0%	
	64	精密機械	3,292	3,291	−1	0.0%	
	65	その他の製造工業製品	3,349	3,317	−31	−0.9%	*
	66	再生資源回収・加工処理	31,871	31,714	−157	−0.5%	*
	67	建築	0	0	0	0.0%	
	68	建設補修	44,174	43,208	−966	−2.2%	**
	69	公共事業	0	0	0	0.0%	
	70	その他の土木建設	0	0	0	0.0%	
三次産業	71	電力	130,303	128,257	−2,046	−1.6%	**
	72	ガス・熱供給	9,486	9,384	−102	−1.1%	**
	73	水道	24,131	23,558	−573	−2.4%	**
	74	廃棄物処理	14,475	14,343	−133	−0.9%	*
	75	商業	1,159,517	1,149,403	−10,114	−0.9%	*
	76	金融・保険	216,785	211,053	−5,732	−2.6%	**
	77	不動産仲介及び賃貸	111,358	110,607	−751	−0.7%	*
	78	住宅賃貸料	0	0	0	0.0%	
	79	住宅賃貸料（帰属家賃）	0	0	0	0.0%	
	80	鉄道輸送	47,684	47,563	−121	−0.3%	*
	81	道路輸送	201,713	198,326	−3,387	−1.7%	**
	82	水運	113,485	113,038	−446	−0.4%	*
	83	航空輸送	150,220	150,102	−118	−0.1%	*
	84	貨物運送取扱	5,560	5,394	−165	−3.0%	**
	85	倉庫	31,615	31,332	−283	−0.9%	*
	86	運輸付帯サービス	78,840	78,510	−330	−0.4%	*
	87	通信	117,272	116,573	−699	−0.6%	*
	88	放送	23,894	23,748	−146	−0.6%	*
	89	公務	7,172	7,015	−157	−2.2%	**
	90	教育	2,512	2,489	−23	−0.9%	*
	91	研究	103,779	101,951	−1,828	−1.8%	**

92	医療・保健	106	105	−1	−0.8%	*
93	社会保障	0	0	0	0.0%	
94	介護	0	0	0	0.0%	
95	その他の公共サービス	13,377	13,139	−238	−1.8%	**
96	広告・調査・情報サービス	179,261	178,113	−1,148	−0.6%	*
97	物品賃貸サービス	88,190	87,076	−1,114	−1.3%	**
98	自動車・機械修理	89,451	86,927	−2,524	−2.8%	**
99	その他の対事業所サービス	166,481	164,431	−2,051	−1.2%	**
100	娯楽サービス	90,998	90,938	−60	−0.1%	*
101	飲食店	169,187	169,187	0	0.0%	
102	旅館・その他の宿泊所	218,017	218,017	0	0.0%	
103	その他の対個人サービス	9,534	9,459	−75	−0.8%	*
104	事務用品	13,780	13,594	−186	−1.4%	**
105	分類不明	48,510	47,447	−1,063	−2.2%	**
	計	8,392,104	8,139,901	−252,204	−3.0%	

❸ 自動車輸出減少シミュレーション

次は、自動車産業の輸出減少が国内産業全体に及ぼす影響についてシミュレーション分析していく。昨今急激な円高によって、我が国産業の中心をしめる自動車産業の一部または大半が海外に移転してしまうおそれが日々増している。もしも、国内自動車産業が海外に流出して本当に空洞化した場合、これをはるかに超える国内他産業の生産額減少が想像される。それは一体どれくらいの規模となるのだろうか。

図表7−5に輸送機械の統合分類（総務省2000年産業連関表）を示すと、以下のように最大405部門（分類と同義）・188部門・104部門・32部門と部門数が集約されるにしたがって、得られるデータは広範囲にまとめられた（＝アグリゲートされた）ものへとなっていく。同時に計算はより簡素化する。それゆえに、シナリオ設定が「輸送機械」なら32部門でもいいが、これでは造船や鉄道・航空機も入ってしまうことから「国内乗用車」であるなら、最低104部門を用いるべきである。また、国内航空機に関してなら188部門が好ましい。

第2部　産業構造とイノベーション

図表7-5　輸送機械の統合分類（総務省2000年産業連関表）

基本分類（517＊405）	小分類（188）	中分類（104）	大分類（32）
乗用車	乗用車	乗用車	輸送機械
トラック・バス・その他の自動車	トラック・バス・その他の自動車	その他の自動車	
二輪自動車	二輪自動車		
自動車車体	自動車部品・同付属品		
自動車用内燃機関・同部分品			
自動車部品			
鋼船	船舶・同修理	船舶・同修理	
その他の船舶			
舶用内燃機関			
船舶修理			
鉄道車両	鉄道車両・同修理	その他の輸送機械・同修理	
鉄道車両修理			
航空機	航空機・同修理		
航空機修理			
自転車	その他の輸送機械		
その他の輸送機械 産業用運搬車両 その他の輸送機械（除別掲）			

疑問5　自動車輸出減少の影響は？

　総務省2000年産業連関表中分類104部門表を用いて、輸出減少シナリオのシミュレーション分析していく。農業シミュレーションで登場した輸入分を除去したタイプの逆行列を用いて、国内乗用車の輸出が10%減少したシナリオを設定する。

　前節の疑問2で使用した「輸入分を除去した逆行列」を改めて引用する。

$$\{I-(I-M)A\}^{-1} \times \{(I-M)\Delta FD + \Delta E\} = \Delta X$$

より、国内需要と切り離した輸出Eのみに左から逆行列を掛けると、国内

乗用車の輸出10％減少の国内産業への生産誘発効果が計算可能である。
　今、

$$\{I-(I-M)A\}^{-1} \times E(=輸出)=X$$

と

$$\{I-(I-M)A\}^{-1} \times (自動車輸出-10\%)=\Delta X$$

を同一部門で比較すると、$(\Delta X)yX/X$が各部門の生産減少率となり、自動車輸出10％減少によって国内に生ずる直接的な生産波及効果（一次効果）が求められる。

　図表7-6は、日本の2000年産業連関表を統合した104部門表に基づいたシミュレーション分析結果である。自動車産業を筆頭に、輸出減少による国内生産額への影響が大きかった金額順に並べてある。

　それによると、まず乗用車の10％輸出減少（－5,577億円）の結果、国内生産額はその3倍（－1兆6,778億円）減少するという、他産業では考えられないほどの深刻なマイナス影響を日本経済全体にもたらすことがわかる。

　自動車関連産業に限っていえば、最も大きな生産減少効果が観察される対象部門は、自動車部品を意味する「その他自動車」－5,374億円（－4.36％）である。次に、カーナビなどの「その他電気製品」－385億円（－1.07％）、ダッシュボードなどの「プラスチック製品」－368億円（－1.46％）、主要な構成素材である「鋼材」－264億円（－0.72％）、タイヤ・ワイパー・ドアシール・ホースなどの「ゴム製品」－169億円（－1.53％）、本体素材である「鉄鋼・粗鋼」－134億円（－0.74％）、エンジン・クラッチ・ホイールなどの「鋳鍛造品」－114億円（－1.84％）、そしてフロントやサイドガラスなどの「ガラス・ガラス製品」89億円（－1.52％）である。

　たとえば、自ら勤務する会社が、上記の自動車関連産業に属する企業だった場合、当該部門における自社の業界シェアを掛けるだけで、自社への影響が簡単に計算できる。したがって、安直なイメージや先入観のみで経済を語らずに、数値的なシミュレーション結果をもって冷静に自社と日本の将来性

を判断すべきである。

　その他興味深い点は、減少影響の大きい産業部門として、「研究」−478億円（−1.35％）、「金融・保険」−248億円（−0.74％）、「広告・調査・情報サービス」−226億円（−0.96％）、「電力」−204億円（−0.96％）が減少している。とくに我が国R＆D（研究開発）投資にしめる自動車関連は巨大だ。もしも、国内に国際競争力に耐え得る自前（国産）の自動車産業が存在しなかった場合、優秀な理工系学生の就職先は非常に狭まってしまうことを意味する。さらに、金融・保険や広告・調査・情報サービスなどのサービス産業との関わりがきわめて密接であることを示す結果となっている。

　また、自動車産業にとって主要なエネルギー源である電力について、国内9電力会社の売り上げはそれぞれ最大5兆円から最小5,000億円の規模にある。つまり、1％の電力売り上げを単純に9電力の売り上げ換算すると、1社当たり500億円から50億円規模の減収を意味するからこれも巨大だ。

　だが、このようなシミュレーション分析には、一定の留意点が存在することを忘れてはならない。たとえば、自動車産業の盛んな愛知県の場合、自動車関連の企業の生産が落ち込むと、残業時間が減って外食産業の販売増加につながるかもしれないし、関連する企業での従業員減少によってアパート需要が減るかもしれない。また、予定されていた産業バイパス道路などの公共事業が特定地域で取りやめになると、一時的にせよ地元経済に大きなマイナスの波及効果が発生する。その結果、これらの地域では家計等で所得減少が見込まれることになり、民間消費等が押し下げられることによって生ずるマイナスの二次効果が発生する。

　上の計算は、自動車輸出の減少が自動車産業と関連する産業でどのような直接的波及効果が見込まれるかを計算するものだった。しかし考えられる二次効果を除去して単純な一次効果のみを計算することによって、産業ごとに受ける影響を具体的に評価できることも事実だ。シンプルイズベストは、ビジネスエコノミクスを学ぶ人たちにとって時に有益な助言である。

第7章 ■ 産業構造を解析する

図表7-6　自動車輸出10%減シナリオ結果（単位百万円）

		国内生産額 百万円	輸出10%減	減少額	減少率
58	乗用車	5,577,196	5,019,476	−557,720	−10.00%
59	その他の自動車	12,316,216	11,778,721	−537,494	−4.36%
73	商業	9,268,749	9,212,393	−56,356	−0.61%
90	研究	3,545,321	3,497,435	−47,886	−1.35%
57	その他の電気機器	3,596,015	3,557,454	−38,561	−1.07%
31	プラスチック製品	2,528,662	2,491,810	−36,852	−1.46%
39	鋼材	3,672,944	3,646,482	−26,462	−0.72%
74	金融・保険	3,347,529	3,322,696	−24,833	−0.74%
95	広告・調査・情報サービス	2,370,083	2,347,384	−22,699	−0.96%
69	電力	2,142,444	2,121,959	−20,485	−0.96%
98	その他の対事業所サービス	2,451,335	2,431,190	−20,145	−0.82%
32	ゴム製品	1,110,522	1,093,563	−16,959	−1.53%
79	道路輸送	1,661,145	1,645,945	−15,201	−0.92%
43	非鉄金属加工製品	1,777,668	1,762,479	−15,189	−0.85%
96	物品賃貸サービス	1,597,774	1,583,955	−13,819	−0.86%
38	銑鉄・粗鋼	1,832,872	1,819,397	−13,475	−0.74%
97	自動車・機械修理	1,295,189	1,282,620	−12,569	−0.97%
40	鋳鍛造品	625,428	613,951	−11,477	−1.84%
20	出版・印刷	1,146,411	1,136,074	−10,337	−0.90%
45	その他の金属製品	1,707,110	1,696,921	−10,189	−0.60%
28	化学最終製品（除医薬品）	1,620,223	1,610,476	−9,747	−0.60%
86	通信	1,113,310	1,104,298	−9,011	−0.81%
34	ガラス・ガラス製品	589,106	580,133	−8,973	−1.52%
24	有機化学製品	2,533,074	2,524,531	−8,544	−0.34%
29	石油製品	1,579,494	1,571,643	−7,851	−0.50%
25	合成樹脂	1,241,951	1,234,135	−7,816	−0.63%
75	不動産仲介及び賃貸	1,087,478	1,079,973	−7,505	−0.69%
50	民生用電子・電気機器	2,012,181	2,004,987	−7,193	−0.36%
48	その他の一般機器	1,206,877	1,200,395	−6,482	−0.54%
55	電子部品	5,870,348	5,864,026	−6,323	−0.11%
66	建設補修	703,657	698,162	−5,495	−0.78%
80	自家輸送	726,623	721,483	−5,139	−0.71%
41	その他の鉄鋼製品	421,013	416,517	−4,496	−1.07%
42	非鉄金属製錬・精製	685,465	680,972	−4,493	−0.66%
18	パルプ・紙・板紙・加工紙	787,424	783,476	−3,948	−0.50%
85	運輸付帯サービス	1,380,354	1,376,457	−3,898	−0.28%
46	一般産業機械	2,624,087	2,620,394	−3,693	−0.14%
64	再生資源回収・加工処理	452,469	448,860	−3,610	−0.80%
104	分類不明	593,742	590,140	−3,602	−0.61%
54	半導体素子・集積回路	4,607,161	4,603,644	−3,516	−0.08%
81	水運	3,001,670	2,998,236	−3,434	−0.11%
23	有機化学基礎製品	945,332	941,970	−3,361	−0.36%
14	繊維工業製品	831,920	828,748	−3,172	−0.38%
37	その他の窯業・土石製品	440,860	437,799	−3,061	−0.69%

22	無機化学基礎製品	683,685	680,735	−2,950	−0.43%
19	紙加工品	434,553	432,115	−2,438	−0.56%
71	水道	257,449	255,284	−2,165	−0.84%
87	放送	217,523	215,457	−2,065	−0.95%
78	鉄道輸送	294,848	292,887	−1,961	−0.67%
103	事務用品	217,226	215,376	−1,850	−0.85%
30	石炭製品	239,143	237,397	−1,746	−0.73%
63	その他の製造工業製品	730,878	729,243	−1,636	−0.22%
84	倉庫	158,727	157,143	−1,584	−1.00%
70	ガス・熱供給	139,504	137,985	−1,519	−1.09%
99	娯楽サービス	171,392	170,216	−1,176	−0.69%
17	家具・装備品	186,483	185,329	−1,154	−0.62%
72	廃棄物処理	119,968	118,940	−1,028	−0.86%
94	その他の公共サービス	153,370	152,393	−977	−0.64%
16	製材・木製品	154,269	153,391	−878	−0.57%
82	航空輸送	780,258	779,522	−735	−0.09%
15	衣服・その他の繊維既製品	146,551	145,850	−701	−0.48%
88	公務	99,905	99,299	−606	−0.61%
102	その他の対個人サービス	87,515	86,912	−603	−0.69%
7	非金属鉱物	84,794	84,207	−587	−0.69%
44	建設・建築用金属製品	119,600	119,019	−581	−0.49%
83	貨物運送取扱	62,356	61,778	−578	−0.93%
62	精密機械	1,421,805	1,421,251	−553	−0.04%
56	重電機器	1,830,176	1,829,661	−515	−0.03%
47	特殊産業機械	5,087,962	5,087,475	−487	−0.01%
49	事務用・サービス用機器	968,109	967,668	−441	−0.05%
1	耕種農業	98,124	97,695	−429	−0.44%
89	教育	47,978	47,583	−394	−0.82%
26	化学繊維	274,219	273,852	−367	−0.13%
36	陶磁器	256,067	255,717	−349	−0.14%
35	セメント・セメント製品	43,636	43,424	−212	−0.49%
21	化学肥料	46,645	46,436	−208	−0.45%
61	その他の輸送機械・同修理	1,017,517	1,017,323	−194	−0.02%
4	林業	36,580	36,387	−194	−0.53%
10	食料品	253,000	252,832	−168	−0.07%
2	畜産	34,111	33,994	−118	−0.34%
12	飼料・有機質肥料（除別掲）	23,687	23,595	−92	−0.39%
33	なめし革・毛皮・同製品	32,539	32,453	−86	−0.26%
60	船舶・同修理	1,601,701	1,601,622	−80	0.00%
9	原油・天然ガス	11,315	11,247	−67	−0.60%
53	電子応用装置・電気計測器	1,386,348	1,386,296	−52	0.00%
8	石炭	6,630	6,579	−51	−0.77%
27	医薬品	249,158	249,110	−49	−0.02%
51	電子計算機・同付属装置	2,872,254	2,872,209	−45	0.00%
52	通信機械	507,324	507,286	−38	−0.01%
6	金属鉱物	7,965	7,928	−37	−0.46%
3	農業サービス	6,410	6,383	−27	−0.42%
5	漁業	80,096	80,074	−23	−0.03%

11	飲料	37,499	37,483	−16	−0.04%
91	医療・保健	921	916	−5	−0.55%
13	たばこ	16,178	16,178	0	0.00%
65	建築	0	0	0	0.00%
67	公共事業	0	0	0	0.00%
68	その他の土木建設	0	0	0	0.00%
76	住宅賃貸料	2,951	2,951	0	0.00%
77	住宅賃貸料（帰属家賃）	0	0	0	0.00%
92	社会保障	0	0	0	0.00%
93	介護	0	0	0	0.00%
100	飲食店	59,171	59,171	0	0.00%
101	旅館・その他の宿泊所	350,451	350,451	0	0.00%
		124,834,954	123,157,070	−1,677,884	−1.34%

疑問6　円高・国内空洞化をどう考えるか？

　輸出減少シナリオ・シミュレーション分析によって、国内自動車産業が国内産業に及ぼす影響は甚大であることがわかった。今や、世界市場で活躍する日本の製造業売上のおよそ60％が海外で達成されている現状を考えると、たとえ円高がなくても縮小する国内市場に対して急増する海外市場への適応という観点で、今後ますます海外進出・立地を進めざるを得ない。

　その場合、国内産業が広範囲な生産額減少に直面せざるを得ず、1980年代に欧米が苦しんだ20％以上という若者の高い失業率は、今日の日本の現実となりつつある。筆者は、今から30年前の1980年代、20歳代のはじめに英国、終わりに米国へ留学した。その際、国内製造業が衰退した結果生まれた大量の失業者と、大学を出ても職もなく失業保険をもらいながら当てなく旅する未来のない多くの若者たちを間近にみてきた。

　こうした深刻な国内大量失業を回避するためには、国内の産業構造をさらに進化させる必要がある。それゆえ、国内で多くのイノベーションを断行し、たとえ製造業の一部が海外移転しても、それを補ってあまりある新産業を創出しなければならない。そうしなければ、われわれはこれからの日本を背負う子供たちに新たな雇用を与えられないし、高齢化し増加する老齢世代に十分な医療と年金を供給することができなくなってしまうのである。

第2部　産業構造とイノベーション

❹ 次の課題

　国民経済の観点からみると、農業はわずかな付加価値であっても、それが国内食料を供給し同時に地域経済循環の要であることは、フランス革命前夜におけるケネーの時代と何ら変わりない。

　ましてや、地球温暖化現象によって世界の水資源が不足傾向にあるなかで、農業生産の成否は温度と水に全面的に依存していることから、大量の農産物を金に任せて輸入すると、それは他国の水と食料を強引に得ていることにもつながってしまう。万が一、天候変異や急激な人口増加によって他国の農産物を自由に輸入できなくなった場合、日本国民は自国の飢えに耐える心構えはできているだろうか。

　このような悲劇を回避する唯一の策は、自国で過度な輸入障壁を避けながら、新規参入を含めた注意深い国内農業者に対する積極的な支援策をとり、加えて国内における農業自給率を70－80％維持する政策を立案実行する必要がある。その前提として、地域農業が地域および国内経済にどのような影響を与えているか、計量的かつ実証的に推計する手段を本章で学んだ。

　ましてや、基幹産業である国内自動車産業が、もしも海外に流出して空洞化した場合、国内産業に与える影響は甚大で、海外進出について行けない地場の中小企業や労働者から大量の失業者が発生することが、数量的に確かめられた。

　それでは、本章で明らかになった国内および地域の産業経済に及ぼす打撃を埋め合わせるために、どのような新政策を打ち出すべきだろうか。もはや、貿易自由化の流れは留められない。だからこそ、国際競争に打ち勝ってゆくため**国内産業構造の高度化**が欠かせない。そのために求められるイノベーションについて、最終の第8章で学ぶことにしよう。

第7章 ■ 産業構造を解析する

━━━━━ 練習問題 ━━━━━

　図表 7-6 の自動車輸出10％減少のシナリオ結果をみると、直感的に理解できる自動車関連のみならず、商業、研究、金融・保険、広告・調査・情報サービス、その他の対事業所サービスなど、自動車産業とは間接的なつながりしかないと考えられるサービス部門（＝第3次産業）にきわめて大きなマイナスの影響が出ます。

　それでは、どうして第3次産業に属する自動車という製造業が、第3次産業のサービス産業に大きな影響を与えているのでしょうか。自らの考えを述べなさい。

〈ヒント〉
- 産業構造は単純なつながりでは決してない。
- 最終製品を消費者に販売する企業（B to C）の数より、そうした企業に部品を供給したり、お金を貸したり、人材を派遣する企業（B to B）の方がはるかに多い。
- 企業は、生産設備を導入するにしても、自ら購入するケースのほかに、リースやレンタルで導入するケースが非常に多い。
- メーカーにおける部品在庫を極限にまで下げる「ジャスト・イン・システム」方式をとると、1日に何度も部品をメーカーに届ける必要があるが、その担い手は運輸業である。
- メーカー自らが販売を手がけるケースはむしろ稀で、国内や海外の顧客と密着する代理店を通じて販売する場合が圧倒的に大きい。多くの代理店は自社設備をもたず、賃貸オフィスに入り電話とセールスで売る。その場合、メーカーの営業実績は、サービス産業に属する企業の成果に委ねられている。
- 最近問題となった「派遣切り」の対象となった労働者は、人材派遣会社に所属しているのであって、メーカーに所属してはいない。
- 自動車は、家計が購入する消費財のなかで最大・最高金額のものだが、これを一括現金で購入する人は少数派で、多くがディーラーや金融機関のローンで購入する。

〈章末補論〉エクセルを用いた行列計算の方法

対象行列は第６章末の練習問題にある仮想上の「ナルニア国」２部門IOである。第６章では紙とエンピツで解いていたが、ここではエクセルで計算する。これは第７章でとり扱った100部門以上の行列計算にも応用できる。

EXCELでの逆行列の計算方法

下記の例で逆行列を計算する方法を示します。

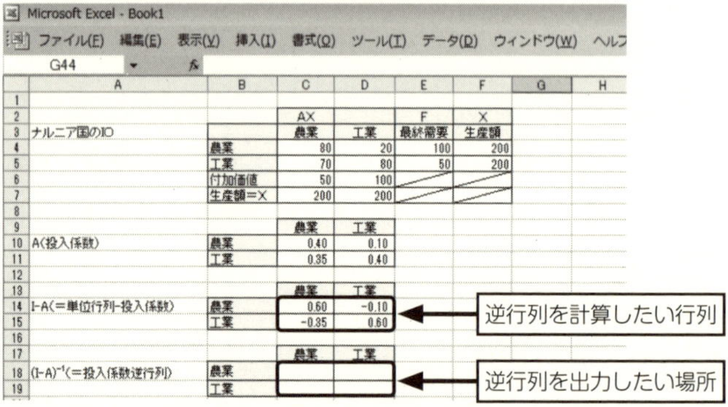
逆行列を計算したい行列
逆行列を出力したい場所

①逆行列を出力したい場所（セル）を選択します。

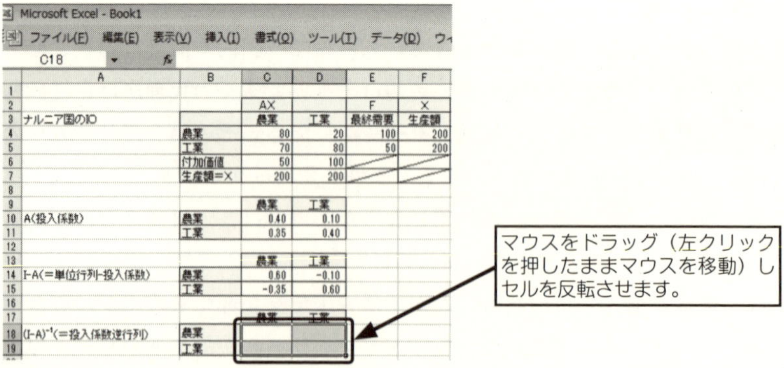
マウスをドラッグ（左クリックを押したままマウスを移動）しセルを反転させます。

第7章 ■ 産業構造を解析する

② 「関数の挿入」をクリックします。

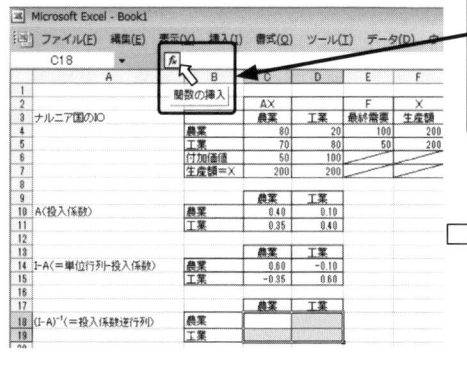

関数の挿入をクリックすると下記サブウィンドウが表示されます。
「関数の検索」に「行列」と入力し「検索開始」をクリックすると「MINVERSE」が表示されます。
マウスで選択（青色反転）後、「OK」をクリックします。

③ 配列に指定したい行列を指定します。

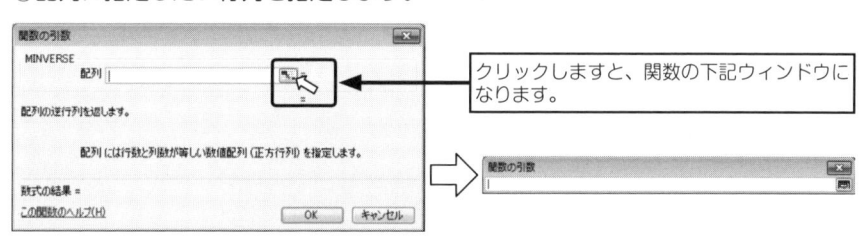

クリックしますと、関数の下記ウィンドウになります。

④ 逆行列を計算したい配列（セル）を選択します。

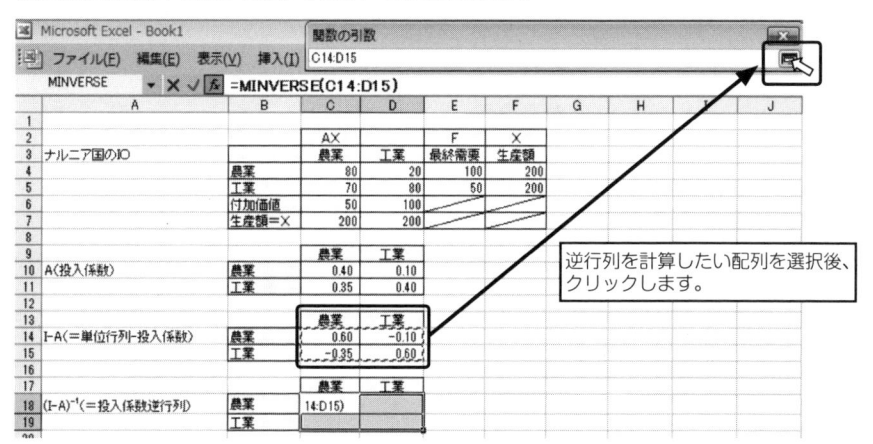

逆行列を計算したい配列を選択後、クリックします。

215

第2部　産業構造とイノベーション

⑤計算したい行列が「配列」欄に入っていることを確認し、
　「Shiftキー」と「Ctrlキー」を同時に押しながら、「Enterキー」を押します。
【注意】「OK」ボタンクリック、または「Enterキー」押下のみでは行列計算ができません！

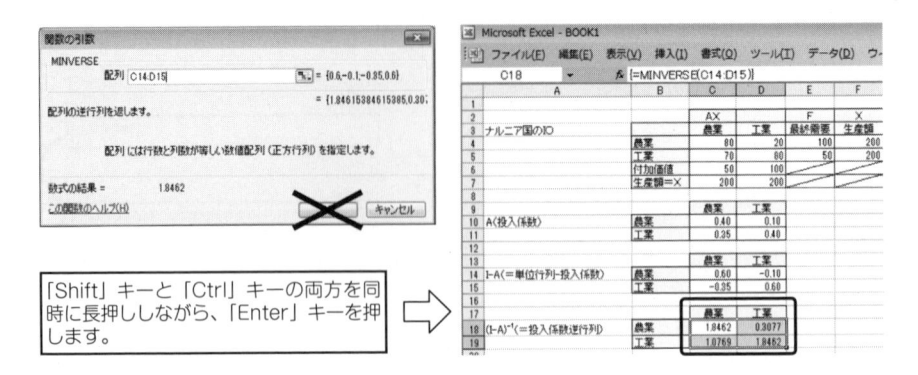

「Shift」キーと「Ctrl」キーの両方を同時に長押ししながら、「Enter」キーを押します。

EXCELでの行列の積の計算方法

下記の例で行列を計算する方法を示します。

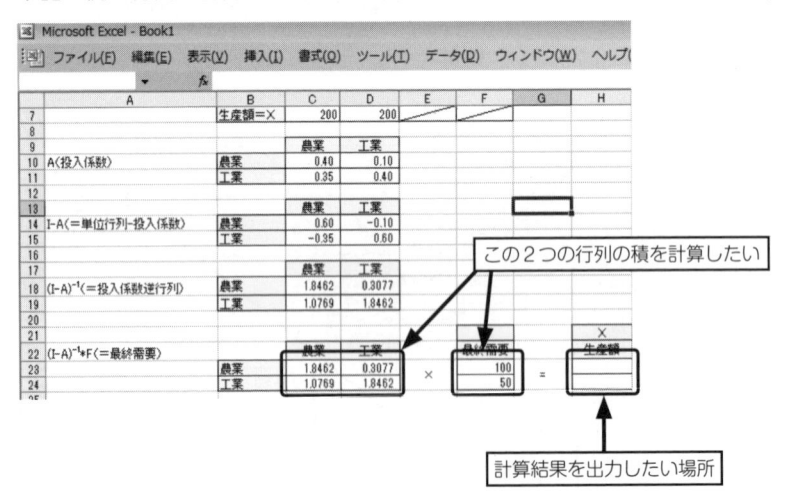

この2つの行列の積を計算したい

計算結果を出力したい場所

第7章 ■ 産業構造を解析する

①行列の計算結果を出力したい場所（セル）を選択します。

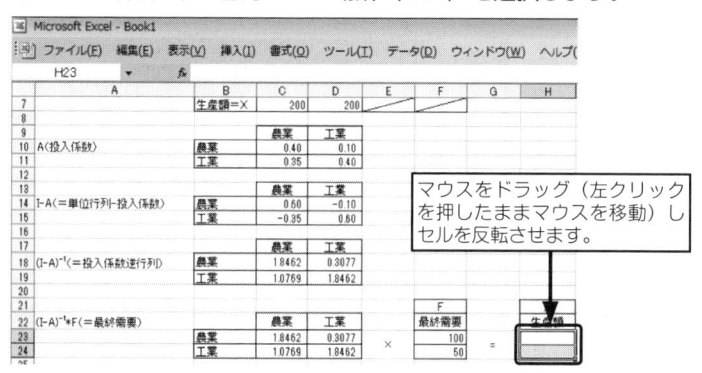

マウスをドラッグ（左クリックを押したままマウスを移動）し、セルを反転させます。

②「関数の挿入」をクリックします。

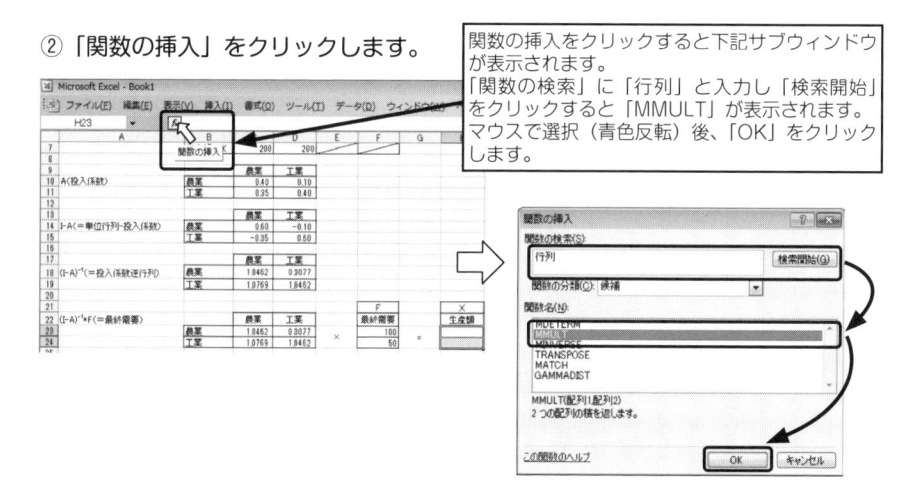

関数の挿入をクリックすると下記サブウィンドウが表示されます。
「関数の検索」に「行列」と入力し「検索開始」をクリックすると「MMULT」が表示されます。
マウスで選択（青色反転）後、「OK」をクリックします。

③配列に指定したい1つ目の行列を指定する。

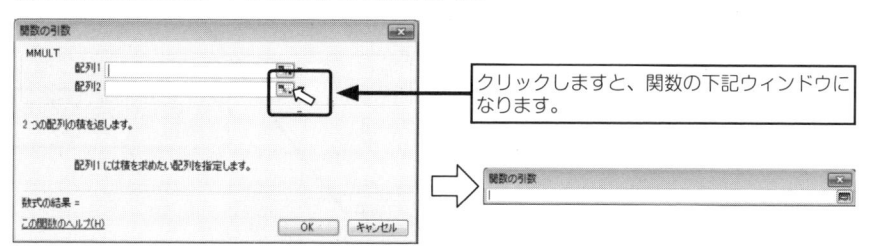

クリックしますと、関数の下記ウィンドウになります。

217

第2部　産業構造とイノベーション

④配列に指定したい1つ目の配列（セル）を選択します。

行列を計算したい配列を選択後、クリックします。

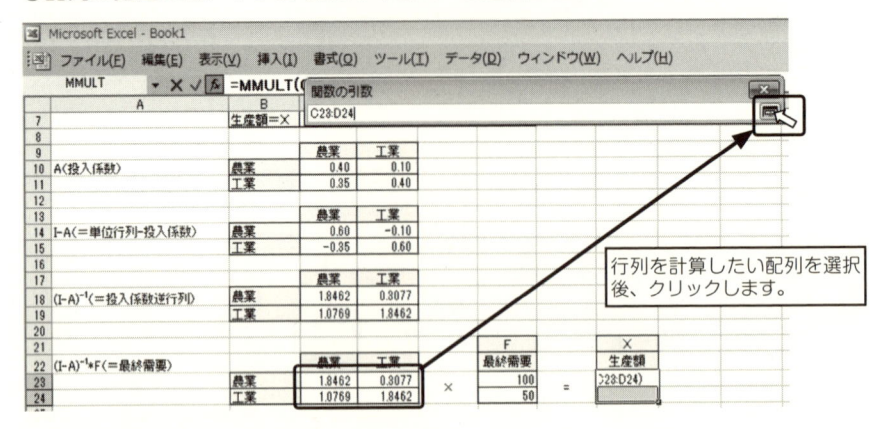

⑤配列に指定したい2つ目の行列を指定します。

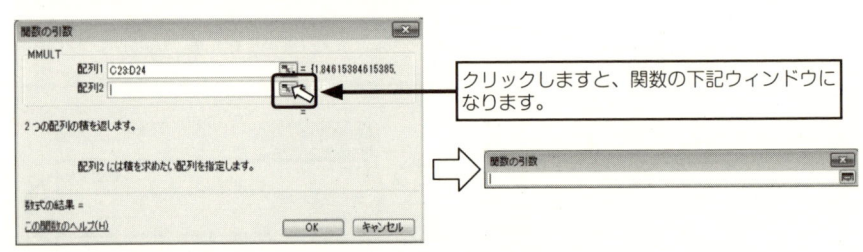

クリックしますと、関数の下記ウィンドウになります。

⑥配列に指定したい2つ目の配列（セル）を選択します。

行列を計算したい配列を選択後、クリックします。

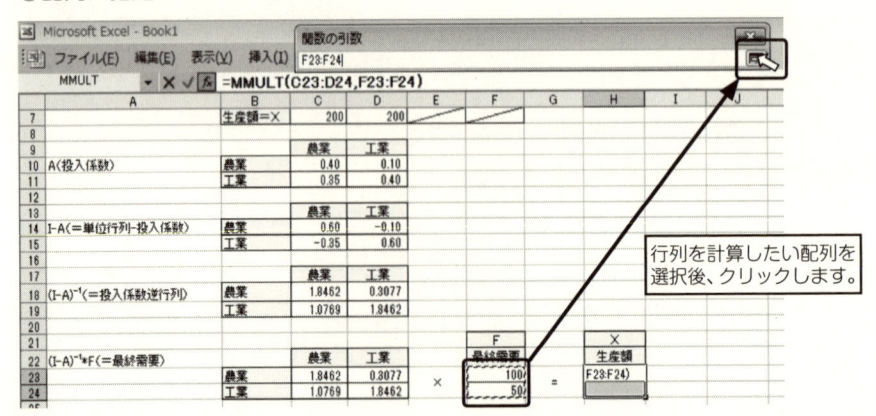

第7章 ■ 産業構造を解析する

⑦計算したい行列が「配列」欄に入っていることを確認し、
　「Shiftキー」と「Ctrlキー」を同時に押しながら、「Enterキー」を押します。
【注意】「OK」ボタンクリック、または「Enterキー」押下のみでは行列計算ができません！

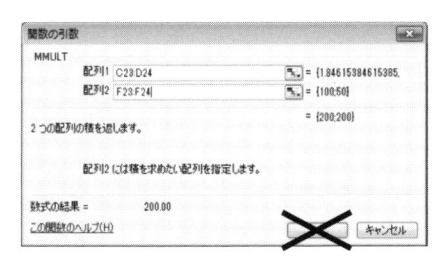

「Shift」キーと「Ctrl」キーの両方を同時に長押ししながら、「Enter」キーを押します。

	A	B	C	D	E	F	G	H
7		生産額=X	200	200				
8								
9			農業	工業				
10	A(投入係数)	農業	0.40	0.10				
11		工業	0.35	0.40				
12								
13			農業	工業				
14	I-A(=単位行列-投入係数)	農業	0.60	-0.10				
15		工業	-0.35	0.60				
16								
17			農業	工業				
18	(I-A)⁻¹(=投入係数逆行列)	農業	1.8462	0.3077				
19		工業	1.0769	1.8462				
20								
21						F		X
22	(I-A)⁻¹*F(=最終需要)		農業	工業		最終需要		生産額
23		農業	1.8462	0.3077	×	100	=	200.00
24		工業	1.0769	1.8462		50		200.00

H23　fx {=MMULT(C23:D24,F23:F24)}

第 **8** 章

イノベーションを考える

　新しい産業の創出にはイノベーションが欠かせない。そのイノベーションを支える人材像を数多くのケースから読み取ることが本章の狙いである。実は、この狙いは第1部「顧客・利益・戦略の基礎」とも密接に関連している。私たちは、第6章で「チェーンストアの逆説」を学んだ。そこでは合理的な戦略が成功にいたる最善の道であるとは必ずしもいえないことを指摘した。いわば「合理性の破れ」にこそ事業の拡大をもたらす隠れた鍵がある。そんな側面を指摘した。本章には、数多くの主人公が登場するが、彼らはイノベーションを担った創業者である。

　本章の読者は、創業者たちがとった行動にある共通したパターンを見出せるはずだ。それを私たちはアントレプレナーシップ（企業家精神）と呼ぶ。新しい産業は、「合理性の破れ」から生まれ出てくる成果であり、完全合理的な思考ではなく、むしろ企業家精神によって発展するものである。このような見方はきわめてシュンペーター的な経済観であることも付け加えておこう。

第2部　産業構造とイノベーション

第8章の読み進め方

【1】イノベーションとは？

　1912年にオーストリア・ハンガリー帝国の大学教授だったシュンペーター（Joseph A.Shumpeter）博士の理論を『経済発展の理論』から学ぶ。そこでは、既存の生産手段を組み替えてイノベーションに至る「新結合理論」が登場する。

【2】イノベーションの担い手

　イノベーションの具体的担い手として「テクノロジー・ベンチャー」への期待が高まっている。そこで、「ホンダ」と「J・ワット」のケースを紹介して、世界を変えるほどのイノベーションの実例を紹介する。

【3】大学がイノベーションに果たすべき役割

　大学は、日本の21世紀型イノベーションをリードできるポテンシャルを有しているのだろうか。その役割と課題について学ぶ。

ケース

「インサイト」、成長の柱に――粗利益、初年度600億円超も――

ホンダが大手自動車三社の中で今期、唯一黒字を確保する見通しだ。厳しさの増す経営環境下であえて新ハイブリッド車「インサイト」を投入、新たな収益の柱に育てる。効率経営で目先の利益確保にも注力するが、株式市場の期待通り強みを発揮できるのか。ホンダの成長戦略を追う。

■もうかるハイブリッド

「五百グラム超の部品の図面を全部見直せ」。

インサイトの開発主任の関康成氏は設計書作成段階で現場に指令を出していた。インサイト発売後の株価への影響はまだ限定的だが、「利益への寄与度が読めない」(JPモルガン証券の中西孝樹氏)との指摘もある。貢献度はトヨタ自動車の二代目「プリウス」と比べると浮かび上がる。プリウスの粗利益率は一〇%超に上る。当初は販管費もかさむが営業利益段階でも二百億～三百億円は確保できるとみられ、先行するトヨタを猛追する。景気悪化で売れ行きを不安視する声もあるが、客の関心は「フィットの発表時を上回る」(近藤副社長)。計画達成にメドがつけば株価の好材料になりそうだ。

■F1技術者を投入

車体重量が予定を十キロ超えたことが判明した。開発部隊は図面を前に日夜、軽量化を追究。一カ月で十三キロの車体減量に成功したためだ。

インサイトは二月八日に日本で発売。一カ月の受注は一万八千台と計画の三倍超に達したが、二年半の開発期間に想定外の事態は何度も起きた。特に重量は部材費増加や燃費効率低下に直結する。コストのメドが立っていない二〇〇六年五月に福井威夫社長が掲げた「もうかるハイブリッド」という至上命題が現場に重くのしかかっていた。

「フィット以下」(近藤広一副社長)。計画達成にメドがつけば株価の好材料になりそうだ。

■先行するトヨタ猛追

販売計画通りなら粗利益は初年度から六百億円超に上る。当初は販管費などで黒字を死守する見込みだが、一段の需要減で赤字転落を危ぶまれるだけに、インサイトの動向がホンダの成長力を占う試金石となる。

迫る利益率になる計算だ。秘訣はガソリン車のフィットと部品の四割弱を共有している点などにある。

ホンダは同分野で稼ぐ収益構造への転換を急いでいる。昨年十二月に撤退を表明したF1の技術者四百人を環境車分野に投資する。来期は環境関連だけは増やす。(中略)今期は営業利益の約半分を稼ぐ二輪車の健闘で黒字を死守する見込みだが、一段の需要減で赤字転落を危ぶまれるだけに、インサイトの動向がホンダの成長力を占う試金石となる。

「来期は収益的に最も厳しい」(北條陽一取締役)。環境車の覇者が自動車産業を制するといわれるなか、最も安い百八十九万円のタイプでも約二百三十万円の初年度で今のプリウスに迫る利益率になる計算。

(出所)『日本経済新聞』2009年3月11日朝刊より。

❶ イノベーションとは？

　産業構造が大きく変動するとき、既存大手企業の倒産やM&A（企業売却を通じた経営統合）が進み、かつベンチャーと呼ばれる新規事業や創業が盛んとなり、全体として既存生産手段が**組み替え**られる場面が頻発する。裏を返せば、世にいうリストラがあったり大企業が傾くときは、既存生産手段組み替えのチャンスともいえる。この古い生産手段の組み替え作業を、私たちは日常的に「イノベーション」と呼んでいる。

> **疑問1**　イノベーション理論はいつ生まれたか？

　オーストリア・ハンガリー帝国ウィーン生まれの世界的経済学者**シュンペーター教授（1883－1950）** は、ウィーン大学で法学博士を得て、同国グラーツ大学・独ボン大学、後には米国ハーバード大学の教授を長くつとめ、イノベーション理論の父と呼ばれている。

　1912年（29歳）、オーストリア・ハンガリーの帝国大学最年少教授として『**経済発展の理論**（*Theorie der wirtschaftlichen Entwicklung*）』を出版し、米英日に天才経済学者としての名声が広がった。その後、当時の日本からの留学生たちが熱心に運動した結果、1932年に東京商科大学（現一橋大学）の教授就任が内定していたが、ハーバード大学からのさらなる招聘が重なり、結局米国に移住して生涯を終えた。ハーバード時代の教え子からは、その後3名のノーベル経済学賞受賞者（レオンティエフ（＝6章で学んだ産業連関分析の開発者）、サミュエルソン（Paul A.Samuelson）、クライン（Lawrence R.Klein））を輩出した。一橋大学の元学長であった都留重人教授も同教授のハーバード大学における教え子の1人であった。

　主著『経済発展の理論』によると、

第8章 ■ イノベーションを考える

「経済生活は変化するものであり、一部分は与件（…前年の所得、今年の公共事業、これからの金利）の変動のために変化し、経済は（…所得・GDP）これに対して適応する傾向がある。しかし、経済の変化はこれだけが唯一のものではない。このほかに、与件に対する経済体系外からの影響によっては説明されないで、経済体系内から生ずる変化（…技術進歩、教育、イノベーション）がある。<u>この種の変化</u>は多くの重要な経済現象の原因であって、それについて一つの理論を樹立するに値すると思われ、そしてそのためには、この現象を他の変化の要因から孤立させるべきであろう。」（塩野谷ほか訳『経済発展の理論』岩波文庫、1983年、180頁〔（　）内加筆および下線は著者〕）

また、上述の「<u>この種の変化</u>」を、シュンペーター教授は「新結合」として同書内で定義している。

「われわれが企業と呼ぶものは、新結合の遂行およびそれを経営体などに具体化したものであり、企業者と呼ぶものは、新結合の遂行を自らの機能とし、その遂行にあたって能動的要素となるような経済主体のことである。」（同上訳書、182～183頁）
「新結合の概念には、次の五つの場合を含んでいる。（一）新しい財貨、（二）新しい生産方法、（三）新しい販路の開拓、（四）原料あるいは半製品の新しい供給源の獲得、（五）新しい組織の実現」（同上訳書、198～199頁）

シュンペーター教授の新結合理論こそが、経済学史上で初めてのイノベーション理論体系であった。図表8-1は、イノベーション理論を企業活動に置き換えてみた場合である。

その意味するところは、「イノベーションなき会社は滅ぶ」ということである。一般的に、会社の寿命は30年といわれるが、人の現役寿命約40年より

第2部　産業構造とイノベーション

図表8-1　企業にとってのイノベーション

5つの旧い生産手段
- （a）商品　　　→組替え
- （b）生産方法　→組替え
- （c）売り方　　→組替え
- （d）原材料　　→組替え
- （e）組織　　　→組替え

→ イノベーション ↓ 5つの新たな生産手段

も短く、人生の現役期間が従来の60歳から65、70歳と伸びるにつれて、20歳前後で就職した企業がまだ現役半ばに過ぎない50歳には消滅しているおそれが増している。

つまり、人が同じ企業や同じ業種にとどまり続けたいのであれば、現役の人生期間内に幾度かの激烈な生産手段の組み替え（＝イノベーション）を経験せざるを得ないのである。

疑問2　イノベーションには寿命がある？

ここで、新産業創出と国富形成メカニズムの関係についての筆者仮説を提示したい。

通常、時間の要素を経済学に導入した**動学分析**においては（＊他に時間の概念を導入しない理論を**静学分析**と呼ぶ）、短期の景気循環（36ヵ月）、中期の経済成長（10年）、長期の経済発展（50-55年）の波動（コンドラチェフ波）が計測されている。つまり、国富の形成は長期の経済発展の波動（50-55年）を意味し、国富形成には寿命がある。

図表8-2は、筆者が考える新産業創出のタイミングを示している。新産業創出期とは、55年に及ぶ国富形成の終末時点から次の国富形成の開始時点までの、旧い長期波動と新たな長期波動の狭間に発生する中間移行期（10年）ともいえる特異的な期と考えられる。

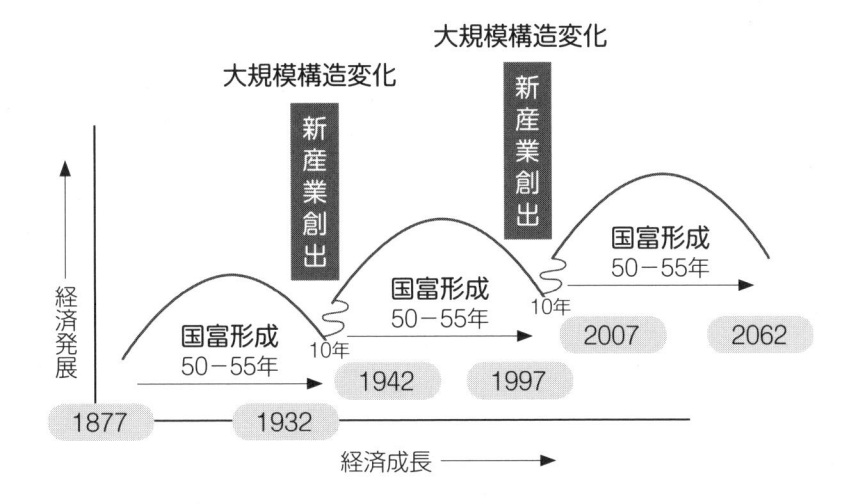

図表8-2　日本におけるコンドラチェフ波と新産業創出

大規模構造変化　新産業創出

大規模構造変化　新産業創出

経済発展

国富形成 50-55年　1877　1932　10年　国富形成 50-55年　1942　1997　10年　国富形成 50-55年　2007　2062

経済成長 →

　以上の仮説を基に、わが国の近代史における国富形成サイクルを分析すると、次のような長期のコンドラチェフ波が検出可能である。

〈第一の55年周期〉

　1867大政奉還＋ 10年 ＝1877（明治10）西南戦争終結＝幕藩体制の終焉と近代化の開始

　1877＋ 55年周期 ＝1932（昭和7）国際連盟脱退＝近代化の終了と重化学工業化の飛躍

〈第二の55年周期〉

　1932国際連盟脱退＋ 10年 ＝1942（昭和17）太平洋戦争＝アングロサクソン体制への挑戦と護送船団経済の開始

　1942＋ 55年周期 ＝1997（平成9）拓銀・山一証券破綻＝1942年戦時護送船団経済の終了と戦後経済政治システムの崩壊

〈第三の55年周期〉

　1997拓銀・山一証券破綻＋ 10年 ＝2007（平成19）＝マザーズ等新興市場の活況・自社二党体制の崩壊と、製造・金融過去最高決算に続くイノベーシ

ョンと新産業創出？
2007 + 55年周期 = 2062年？

　つまり、1867年の大政奉還後、第2次戊辰戦争ともいうべき西南戦争が終結し廃藩置県・士族消滅後の近代国家を歩み出した1877年（明治10）を起点とすると、日本は移行期の10年間を前後に55年のコンドラチェフ波をすでに2回繰り返してきたことが観察される。

> **疑問3**　第三の55年周期（コンドラチェフ波）は到来している？

　今日、わが国は長期的なデフレ経済に苦しんでいる。その結果、全般的に生ずる企業の売上額低迷と正規従業員から非正規従業員への移行（パート化）にともなう賃金抑制は、コンドラチェフ波の考え方を導入するならば、「古い技術力」から「新しい技術力」への以降に不可避な移行現象としてみることが可能だ。

　いうまでもなく、すべての経済の源泉は「技術力」にある。たとえば、人や家畜が耕していた農地を機械が耕し、動力ポンプが農地への給排水すなわち灌漑を行う「農業の近代化」は、単位面積当たりの飛躍的な農業生産力向上をもたらす。それは、直接的な農業部門への労働力投入減少に終わらず、他産業すなわち工業部門やサービス業部門への労働力供給源となるばかりか、相対的な食料価格低下に貢献して農業・工業・サービス業全般における付加価値総額＝ＧＤＰの増加に顕著な貢献をする。こうした現象は、古代メソポタミア文明から今日の日本農業に至るまで、すべての歴史・地域で観察される普遍的事実であり、技術力が経済のエンジンであることを実証している。

　それゆえに、消費が「経済」を動かすのではなく、優れた「技術力」が国民に所得をもたらし、その所得によって豊かな「消費」が可能となる。図表8-2によれば、今の日本経済の苦境は、昭和17年にはじまった「第二の55

年周期」を支えた「これまでの技術力」が、中国や韓国・インドなどの新興国に追いつかれた結果と説明可能だ。すなわち、従来日本が得意としてきた鉄鋼・造船・各種機械製造等の「旧い技術力」が従来通りの高い値段をつけられないために、国内で特異的にデフレが進行中なのである。

こうした技術力と経済動学を考慮しない金融政策を中央銀行がとり続けるかぎり、名目的な価格下落＝デフレをいっそう助長する結果さえもたらす。

それゆえに、真のデフレ脱却には、果敢な日本産業構造のイノベーションのエンジンとなる「新しい技術力」の創造が不可欠である。金融はその燃料に過ぎない。こうした事態に対し、一般的な需要側の刺激を目的とするケインズ型の経済政策は意味をなさないといえる。あるとすれば、イノベーション政策の副作用である失業に対する所得の再分配効果のみである。従来から行われてきたケインズ型の需要刺激策は、大震災などの道路や港湾など社会インフラ整備に役立っても、「新たな技術力」に基づく「新たな市場」を創造する力をもたらさないからだ。

わが国にとって3回目にあたる55年周期のコンドラチェフ波は、すでに2007年以降入っていると推測される。だからこそ、**目先の問題解決**から**未来への投資**へギアシフトさせなくてはならない。

加えて、第三の55年周期の半分経過地点にあたる2007＋27.5＝2034.5すなわち2030年代半ば、わが国の高齢化率（全人口に占める65歳以上比率）は人類史上例をみない30％を超える。通常、人口動態（出生と死亡の差し引き）が安定的な状態では、15歳未満と65歳以上の人口比率は同じになる。たとえば、65歳以上比率が25％程度の社会では、2人の大人が1人の子供と1人の老人を支える計算となる。

だが、65歳以上比率が25％を超えて30％になるということは、1人の大人が1人の子供と1人の老人を支えなければならない社会となる。高齢化率30％の社会で現在までの年金や医療システムを維持できると考えることは非現実的であり、明治維新に匹敵するほどの国家的な社会のイノベーションがわが国に必要なのである。

> **コラム**
>
> ●日本が今求められている政策
>
> 次の55年周期の半分時点で、我が国高齢化率が30％を超えることが現実化している以上、日本が今取るべき政策として、(1)国内出生率を高めるために結婚を奨励し、若いファミリーの出産を支援するための政府と企業による協調型支援策、(2)「新たな市場」を生み出すエンジンとなる「新たな技術力」を国内企業から生み出すための全面的なベンチャー育成のための国家戦略、が欠かせない。
>
> それゆえ、現在財源制約から完全実施できないでいる育児支援手当と、働く母親を支援する企業内および地域内での支援体制は、国家戦略上の最大急務であるといえるだろう。そのための財源として、高齢者向けの年金削減、医療費自己負担増、既存公共事業削減、の３点セットでの実施が欠かせない。
>
> さらに、米国や中国では当たり前の、大学やベンチャーが公的助成により開発に成功した技術成果を、政府が試作品として義務的に買い上げる制度の導入が欠かせない。そうしなければ、どれほど科学技術費を大学やベンチャーに投入しても、その技術が市場で実用化されるはるか以前に、技術は消滅するか特許権を20年間で失ってしまうからだ。

❷ イノベーションの担い手

「新たな技術力」を生み出すため、米国・欧州のみならず中国・韓国・インドのような中進国においても渇望されている存在が「テクノロジー・ベンチャー」である。コンドラチェフ長期循環の上昇局面を30年と大きくとらえれば新しい技術の開花期は30年というスパンを期待できる。しかしこの30年はさらにテクノロジー・ベンチャー市場の形成までの部分期間に分けられる。こう考えると、最初の10年こそが特異的にテクノロジー・ベンチャーが活躍できるからだ。図表8-3は、１つの技術が誕生し、成熟、そして衰退するまでの期間を10年周期で観察したものだ。

第8章 ■イノベーションを考える

図表8-3　技術サイクルと投資タイミング

```
(誕生期) 0−10年：ベンチャー（新事業）投資
・・・テクノロジー・ベンチャーの時代
(成熟期) 11−20年：大規模な製品投入と投資の回収
・・・大企業の時代
(衰退期) 21−30年：既存市場の衰退と新たなベンチャー投資開始
・・・地場中小企業の時代
```

図表からわかることは、テクノロジー・ベンチャーが活躍できる時代は、わずかに企業発展の最初の10年に過ぎないという点だ。このことから、対象が同一企業の進化発展形態でもいいし、あるいはベンチャーが大企業にM＆A（＝企業買収統合）されても構わないことを意味している。いずれにしても、経済全体の新陳代謝すなわちイノベーションは日々実現される必要があり、その端緒がテクノロジー・ベンチャーによってもたらされることが理解される。

疑問4　テクノロジー・ベンチャーの役割とは？

イノベーションを体現するテクノロジー・ベンチャーを次々と産み育てるためには、新たな技術経営（MOT）が必要である。現在、MOTの主流は米国型MOTであると一般的にいわれる。だが、米国におけるMOTは、1980年代に直面した深刻な日本型製造業との競争敗北を契機として生まれた。だから、1980年代の日本に学んだ米国流MOTを逆輸入しても今の日本にとって大きな意味をもたない。

〈米国型MOT〉1980年代に米国が日本の産業競争力を調査して生まれたMIT発の技術経営論。トヨタのカンバンシステムに代表される日本の高度な生産システムを研究し理論化した技術マネジメント手法。

第２部　産業構造とイノベーション

〈日本型MOT〉サイエンスを出発とするテクノロジー・ベンチャーを生み出し、そこで生まれたテクノロジーを大企業にいち早く届け、大企業は開発までの期間を大幅に短縮することによっていち早く製品を市場に投入して、結果的に新産業を生み出すプロセスを探求する日本独自の技術移転手法。

つまり、急速に少子高齢化する日本は、21世紀に向けた独自のMOT戦略に基づき、国内で生まれた発明・発見を具体化するテクノロジー・ベンチャーを数多く産み出し、これらのうちから新産業創出を促さなくてはならない。もはや、他国の真似事は一切意味をなさない、むしろ模倣される一方の超先進国なのだ。

日本の人口規模がかつての幕藩体制における3,000万人程度であれば、鎖国と自給自足型経済でも数十年に一度の飢饉はあるにせよ生存可能であった。だが、現在4倍の人口がかつてと同じ国土面積にひしめき合って暮らしている。だとすれば、かつての自給自足型経済では全人口を養えないし、過度な製造業や農業のグローバル化が進行し雇用が海外に流出すると、国内で数千万人規模の雇用が失われる。

だからこそ、激烈な海外競争に打ち勝つ強い農業や製造業を国内に維持するため、農業と製造業の両部門は「新たな技術力」に基づく「新たな市場」の創出が欠かせない。それは、農業におけるワイナリー経営（葡萄栽培→ワイン醸造→直営ワインレストラン経営）でもいいし、工業における次世代通信ビジネス（次世代グローバル対応スマートフォン製造→次世代グローバル対応基地局インフラ投資→次世代スマートフォンアプリケーション供給）でもいい。

世の中には、変化を先取りできる企業と、先取りできず弱体化し消滅する企業の２つしか存在しない。変化を先取りする企業は、イノベーションを企業文化に組み込んでいる。そこで本章の最後に、テクノロジー・ベンチャーに関する歴史上の２ケースを紹介する。

ベンチャーから世界的大企業へ―ホンダのケース―

　1945年敗戦直後にホンダを個人創業した本田宗一郎（写真）は、9年前の1936年にエンジン重要部品**ピストンリング**の国産化を目指すテクノロジー・ベンチャー「東海精機株式会社」を故郷浜松で創業した。

　当初、宗一郎は、経験のみでピストンリング製造に着手したが素材組成がわからず失敗した。

　そこで、宗一郎は、30歳を超えてから改めて地元浜松高等工業（現静岡大学工学部）に特別聴講生として再入学し、改めて金属材料や機械工学について基礎から徹底的に学び直した。

　こうした努力の結果、宗一郎はついにピストンリングの国産化に成功し、それはトヨタなどの自動車メーカーのみならず、戦闘機・爆撃機などの高性能航空機エンジンにも搭載される超高精度ピストンリングとして活用され、事業的にも大成功した。だが、敗戦によって軍という巨大ユーザーを失った宗一郎は、新たに平和復興の象徴ともいえるオートバイメーカーを「本田技術研究所（現在のホンダ）」として個人創業した。だから、ホンダは宗一郎にとって第2のテクノロジー・ベンチャーであった。

　3年後、のち副社長となる藤沢武夫（写真右）が、ドッジラインの金融引き締めによって経営危機にあったホンダに入社した。それは、戦後復興期にあって成功しつつあった製材事業を売却した私財投入による、本田宗一郎への本格的なベンチャー・インキュベーションであった。

　経営に疎い宗一郎にかわりホンダの営業経理すべてを請け負って入社した藤沢は、数年後再び訪れた経営危機にあたって、部品納入業者・銀行・組合との全交渉の場で言った。「社長は、次なるホンダの目標である世界的オートバイレース**マン島レース**での優勝を目指し、現在は欧州視察にでかけて不在である」と。こ

第2部　産業構造とイノベーション

うして、藤沢は、未来への挑戦姿勢を明示しながら手形決済を遅らせ、三菱銀行から巨額な融資を獲得してホンダを救ったのだった。

ホンダ創業から25年後に2人はそろって引退した。2人が指名した後任社長は、川島喜好45歳、ホンダ入社12番目で学卒第1号社員といわれる生え抜きエンジニアであった。そして、川島社長は、すでに分離されていたホンダ100％の開発子会社「ホンダ技術研究所」育ちであった。以後、ホンダDNAは後継エンジニアたちに連綿と引き継がれ、国内自動車メーカーとしてはトヨタとならび国内2位の世界的企業でありながら、他の海外メーカーと一切関係をもたず独立自尊を貫いている。そして、宗一郎の夢でもあった航空機開発は、ついに小型自家用ジェットとして米国で結実する。

マン島レースに初出場したRC142

ここで、ホンダという会社をシュンペーター教授のイノベーション理論に当てはめてみると、ホンダのテクノロジー・ベンチャーとしての性格が浮き彫りになる。

●イノベーション1＝「新しい商品」

ホンダにとっての新しい商品とは、敗戦後、国家経済が軍需から民需へ劇的に転換した戦後経済で、一般大衆がようやく購入できるようになった**モーターサイクル**（自転車にエンジンを取り付けた原動機付き自転車）および**オートバイ**であった。とくに戦後の混乱期に、燃費がよく安価な乗り物として女性にも免許なしで乗れるモーターサイクルは非常に人気があった。

しかも、初期の自転車に取り付けるエンジンは、敗戦で不要となり出回った軍用の供出品であった。このようなビジネスチャンスを宗一郎は瞬時も見逃さず、やがて、こうした軍用エンジンの在庫が尽きる頃、自ら生産供給可能な体制を社内に構築した。さらには、台湾への輸出にすら、敗戦直後の日本において実現させるという快挙を成し遂げた。

自転車用補助エンジン

●イノベーション2＝「新しい生産方法」

資本金600万円の会社が、国内には存在しない世界超一流の**工作機械**4億5千万円相当の設備投資に踏み切り、次々と新工場を建設した。同時に、海外一流レースに参加を宣言して、世界水準のエンジン製造に着手した。

そのためには、ホンダを支える資金源が欠かせなかった。これについて、副社長はメインバンクとして三菱銀行を選択して、どのような相談をも副頭取レベルまで行える信頼関係の醸成に注力した。その結果、一流の外国製工作機械（現在は、一流が日本製だが）を得て、ホンダはトヨタ・日産といった戦前設立の大企業と何ら変わらない、もしくはそれ以上の工作精度をもつにいたった。

さらには、こうした自社技術の担い手として、人材についても設立後に入社した新卒エンジニアに加えて、陸海軍向け航空機・エンジンを開発製造していた**旧中嶋飛行機出身の戦前エンジニア**を大量に中途採用して若手新卒エンジニアとハイブリッド化し、ホンダの自社開発製造テクノロジーの飛躍的向上を実現させた。

●イノベーション3＝「新しい売り方」

藤沢は、従来の販売店にはなかった自転車店にダイレクトメールを出し、販売店網の整備に努めた。そして、各店1台の枠を与えて前金を三菱銀行に入金されれば製品を送ると約束して、掛け売りを回避する手法を編み出した。つまり、天才営業マン藤沢は、掛け売りが一般的で、今日のローン販売やクレジットカードなど存在しなかった終戦後の混乱期に、商社や卸流通を介せず**1店1台在庫現金販売**を確立した。こうして、国内に大量に存在する既存自転車修理店をホンダ製オートバイ（後には四輪車まで拡張）販売拠点に作り替えていった。さらには、自転車販売店には難しいアフターメンテナンスの困難性を克服するため、自らホンダＳＦ（サービス・ファクトリー）という直営の国内修理拠点を全国に整備していった。

●イノベーション4＝「新しい原材料」

始めは、浜松工場で組み立てたエンジンを使って、大消費地である東京工場でオートバイとして組み立てた。次には、広大な軍用滑走路を併設する旧海軍航空

工廠があった「鈴鹿」にサーキット付きの大工場を建設した。そして、テクノロジー・ベンチャーであるホンダが、世界のオートバイレースのちにはＦ１レースに出場して優勝すると社会に公言し、実際に世界が「精密時計のようだ」と驚くホンダエンジンを開発して、それを実現してしまった。

　こうした社長自らによる「**有言実行**」は、ホンダの若きエンジニア・工員たちの血を沸き立たせ、必ず勝つとの信念で日本が敗戦国として三流扱いを受けていた欧州における国際的オートバイレース優勝への原動力となった。もちろん、こうしたホンダの行動が、オートバイユーザーであるか否かを問わず、敗戦に打ちひしがれていた日本国民を驚喜させたことは明らかであり、国内外の新たなホンダファンの獲得へとつながったことはいうまでもない。

●イノベーション5＝「新しい組織」

　従業員の労働環境の整備にも熱心に力を入れ、当時、他の日本企業が採用していなかった給与体系の整備、従業員持ち株制度、永年保障制度などを導入した。また大衆株主を増やすため、**設立6年目**に東京証券取引所における自社株式の店頭公開に踏み切った。その結果、①銀行を経由しない社債発行による資金調達が可能となり、②東大工学部を頂点とする全国一流大学を卒業した若きエンジニアが、浜松生まれのスズキよりも小さな中小企業ホンダに続々と入社するようになった。

　何よりも重要であった新しい組織革命は、100％子会社「**本田技術研究所**」の分離独立で、副社長藤沢の発案であった。この案は、ホンダ創設者である宗一郎ですら反対し、社内組合も真っ向から反対したといわれる。なぜならば、ホンダが自ら独創的な製品を次々と生み出すテクノロジー・ベンチャーであり続けるためには、社内で「開発する人、生産する人、売る人」に垣根をつくることは、ベンチャー企業にとって致命的な社内の分権化、官僚化、組織の肥大化を招くと当時でも容易に想像されたためだ。

　だが、副社長の藤沢はこうした意見を排し「本田技術研究所」の分離独立を強行した。技術研究所はホンダ本体の100％子会社として、ホンダの新製品開発に専念し、ホンダは売上げ全体の３％を研究所にフィードバックさせるという

画期的ビジネスモデルだった。しかも、ホンダ社長は同技術研究所長からのみ選ばれるルールを確定させた。これによって、ホンダ社長は技術研究所出身のエンジニアでなくてはならなくなった。

一連の事務方トップである藤沢副社長の構想は、天才エンジニア宗一郎が去った後のホンダを支える次世代の経営人材養成が目的だった。そして、創立25年後の社長・副社長そろっての引退後も、ホンダは全員が技術系社長の下でめざましいイノベーションを続け、今日に至っている。

写真：すべて本田技研工業株式会社より提供。

以上、ホンダをケースとして、イノベーションの発生から結果までをまとめた。そこから、テクノロジー・ベンチャーの産業経済における役割がみえてくる。

それでは次に、世界や国の行く末すら左右する偉大なテクノロジー・ベンチャーを産み出すプロセスで、大学がどのような貢献を果たしたか学ぼう。

歴史上最大の大学発ベンチャー
－アダム・スミスとJ・ワットのケース－

かつて19世紀の英国は強大な海軍力の下で世界の7つの海を支配し、全世界の金融・情報・通商を結んで「世界の工場」となった。だが、今や主要製造産業は消滅もしくは外国企業の傘下にあり、一部化学と製薬・資源開発をのぞくと主要な国内製造業は消滅した。

どうしてこのようなことが過去100年間に英国で起きてしまったのだろうか。その理由とは、英国が世界でいち早く産業革命を成功させたにもかかわらず、英国大学は、大学で生まれたサイエンスを産業界におけるテクノロジーへと転換する試みをほとんど行わなかったことに起因する。20世紀に入り、サイエンスからテクノロジーへの転換は米国大学によって主導された。不可避的に、世界の産業国家としての主要な地位は米国へと移行した。

第2部　産業構造とイノベーション

　法学博士アダム・スミスは、経済学の父としてあまりにも有名である。スミス博士（Adam Smith, 1723-1790）は、大英帝国のスコットランドに生まれた。のち、母校グラスゴー大学の道徳哲学教授に就任し、大学出納長および副学長に就任して母校グラスゴー大学の運営に尽力した（大学在任期間1751-64）。そして、大学早期退官後の1776年（当時53歳）アメリカ独立宣言の年、英国ロンドンで経済学の金字塔『国富論（諸国民の富）』を出版した。

　他方、1736年スコットランド・グラスゴーに生まれたワット（James Watt, 1736-1819）は、ロンドンでコンパス・分度器など数学器具製作技術を学んだ。20歳になって故郷グラスゴー市内で開業するべく市商工会議所に開業許可申請を行った。しかし彼の開業は市内で許可されなかった。理由は、親族に納税者（＝一定以上の所得を得ているもの）がおらず、同時にワットにはグラスゴー市内での初等教育および徒弟歴がなかったためだ。

　当時、進取の気風に富み、こうした数学器具の最大ユーザーでもあったグラスゴー大学は、ワット青年を1756年（20才）に大学技手として雇い入れると同時に、大学内での数学器具工房（Workshop）の開設と販売権を与えた。さらに物理学等の大学講義聴講権をワットに認めた（大学在任期間1756-73）。その結果、小学校すら終えていないワット青年は、人生で初めて物理・化学ならびに機械設計に関する正確な知識を修得し、グラスゴー大学内で蒸気セパレーターの発明に至った。その後、地元有力者のエンジェル投資（銀行やキャピタル会社に属さず、起業家の技術の将来性に対して個人の資産から創業資金を提供する個人投資）を受けて、人類初の蒸気機関の製作供給を可能とする初めての基本特許を1769年出願し、事業化に着手し成功した。

　ワットがグラスゴー大学技手に採用される5年前にスミス博士は同大学教授となっており、出納長・副学長として物心両面から青年ワットを庇護したといわれる。実際、スミス死去100年後に書かれたJ・レーのスミ

ス伝記によれば、スミス博士は学内に設けられたワット青年の働く工房に頻繁に出入りして、ワットとの会話を楽しんだという。こうしたことから、ワットのベンチャーは、紛れもなく歴史上初の大学発ベンチャーであるとともに、偉大な経済学者アダム・スミスの庇護の下で大学による組織的インキュベーションを受けた人類初のケースだった。

だが、その後このようなケースが英国において二度と生まれることはなく、英国の産業経済もすっかり衰退してしまった。他方、こうした大学からイノベーションを産み出す流れは、スミスが主著『国富論』でその独立を擁護した新大陸＝アメリカに移転した。近年、しばしば耳にするシリコンバレーとハイテク・ベンチャーは、米国スタンフォード大学から生まれている。その結果、同大学周辺に世界的なハイテクエリアである「シリコンバレー」が1950年代に形成されたのであった。

❸ 大学がイノベーションに果たすべき役割

産業構造は、5年程度ならわずかしか変化しないが、10年を経ると顕著に変化し、20年後には激変すると考えられる。したがって、20年後のイノベーションは、現在のテクノロジー・ベンチャーの創出と発展に依存しているといっても過言ではない。

スミスとワットの歴史をみれば、イノベーションを能動的に引き起こす1つの戦略として「大学発ベンチャー」への期待が高まっている。たとえば、20世紀を代表するテクノロジー・ベンチャー「HP」、「Yahoo」、「Google」は、すべて米国スタンフォード大学生まれである。そして、その創業者たちは全員スタンフォード大学の大学院生たちであり、教授たちが懸命に彼らの創業を応援した結果である。

今後、21世紀の新産業は、農業とバイオ医薬が結びつく1.5次産業や、家電と情報サービス機能が融合した2.5次産業など、従来の産業区分を越えた

異種技術の出会いによる「ハイブリッド・イノベーション」が重要である。しかしながら、農水省＝農業、厚生労働省＝医薬産業、総務省＝IT産業、といった官庁と産業構造が一致するわが国では、異種技術の出会いと新結合が非常に難しい。各省庁が出す政府補助金も使いづらく重複気味といえる。

　他方、**大学**では**学際研究**がきわめて容易である。たとえば、農学部と薬学部の研究者・大学院生が相互にフレキシブルに共同研究を開始し、農産物を由来とするあらたな新薬を開発するプロジェクトは、同じ大学内ではきわめて容易な環境にある。だからこそ、喫緊の政策課題として**ライセンス・アソシエイト**と呼ばれる職種が大学のみならず大手企業内部においても欠かせない。たとえば、大学内では、医学部と工学部を結んだり、大学外で大学と企業を結ぶプロデューサーのような役割を担う職種である。そして、大学に眠る潜在研究資源の商業的価値についてエバリュエーション（＝推測評価）可能で、かつ教員と企業・VC（＝ベンチャー・キャピタル）間でコミュニケーション可能なプロフェッショナルでなければならない。

　それゆえ、テクノロジー・ベンチャーを創出し、それらを企業と結ばせる、教員でも事務員でもない大学内外における第3の職種「ライセンス・アソシエイト」の養成と雇用が、大学発ベンチャー創出のため喫緊の政策課題となっている。スタンフォード大学の教授グループが発明した遺伝子組み換え技術を創薬に応用して、遺伝子組み換え大腸菌からヒト・インシュリンの工業生産に成功した「米国ジェネンテック社」は、スタンフォード大学の学内ライセンス・アソシエイトが発掘支援して生まれたバイオベンチャーである。

　こうした「ライセンス・アソシエイト」の養成方法にはさまざまなパターンが存在するが、学部と大学院で医学や理工系分野を学んだものが、ある程度社会で働いたのち、働きながら夜学べる**ビジネススクール**が有効である。そして、昼間は大手企業の管理職や大学発ベンチャーの経営職として働き、夜はビジネススクールで新たな経営戦略を学びつつ、自社戦略を立案していくことがいっそう効果的である。

第8章 ■ イノベーションを考える

　わが国に必要とされるMOTとは、アントレプレナーシップに富む技術系ベンチャーの経営人材である。かれらの活躍は日本の未来のイノベーションを大きく左右し、さらに高度化する産業構造を反映する産業連関表を作り上げる立役者でもある。これらの立役者がなすべきことは、イノベーションの推進に尽きるが、その結果が産業連関表のタテとヨコの織りなす産業構造のさらなる進化につながる。

　つまり、イノベーションと産業構造の関係を数値的に映し出した産業の全体図が産業連関表そのものであり、現在の産業連関表は、過去のイノベーションの到達点を私たちに教えてくれる大切な鏡なのである。だからこそ大学人ならびに政府機関に所属する人間は、わが国の20年以上先の未来に出現し、新しい産業連関表に結実するイノベーションの卵たちを、今から大切に産み育てなければならない。260年以上前にグラスゴー大学副学長・教授であったアダム・スミス博士がジェームズ・ワット青年を暖かく迎え擁護したように…。

第2部　産業構造とイノベーション

練習問題

　産業構造の進化にイノベーションが欠かせないことを読者は理解したと思います。けれども、それを次々と生み出していくためには、数年から数十年に及ぶ気の長い投資が必要です。しかも、それらは一般的に将来イノベーションとして開花するかどうか、まったく見通しがつきません。

　それでもなお、私たちが私たちの子孫と私たち自身の未来のために長期投資を続けるためには、長くても4-5年で投資を回収して、かつ果実となる利益を投資家に還元しなければいけない民間資金が使われることは不適切、といえるのではないでしょうか。

　それでは、もしもこのような民間資金を使えないとすれば、政府の公的資金をどのような観点から長期投資に注入すればよいのでしょうか。また、その成果をどのような観点から投資評価すればいいのでしょうか。

　以上の長期的投資に使われる資金の可能性について、自らの考えを述べなさい。

〈ヒント〉
- 小中の義務教育に使われた税金は、将来どのように評価されるのでしょうか。
- 高校授業料無償化によって、勉強に関心をもてない若者が高校で無為に過ごしてしまう危険性はないのでしょうか。
- 大学への政府補助金は、教育や研究成果とどのような関わりをもっているのででしょうか。
- 政府は、私的利益追求のために設立されたベンチャー企業を、公的資金をもって支援する必要はどこにあるのでしょうか。また、支援対象とするベンチャーの範囲・基準を設けるべきでしょうか。

さらに勉強を進めたい人のために ― あとがきに代えて

　第1章のみならず経済学全般をわかりやすく解説した最良のテキストとして福岡正夫『ゼミナール　経済学入門〈第4版〉』(2008、日本経済新聞出版社)をはじめに推薦しておく。経済学のものの見方から、家計や企業の行動原理、景気の見方、さらには資本主義社会の行方に関するマルクスの予言、シュンペーターとケインズのビジョン、ボーダーレスエコノミーと地球の有限性まで、ありとあらゆる話題がとりあげられ、深く透徹した論理と学識に基づき、丁寧に解説されている。経済学に関心をもたれた方が、本書の次に読むテキストとして強くお薦めする。

第1章
①マクロ経済学のロジックを勉強したい人には
　　第1章はマクロ経済学をとりあげた。経済成長や景気循環、金融危機、国際的な不均衡を論じる文献は基本的にマクロ経済学の思考に基づいているはずである。世界的に広く利用されている教科書は数多いが、ここではマンキュー『マンキュー　マクロ経済学（第3版）Ⅰ　入門篇』(2011、東洋経済新報社)、『マンキュー　マクロ経済学（第2版）Ⅱ　応用篇』(2004、東洋経済新報社)をあげておく。大部だが説明が丁寧でとても読み易い。
②経済学によるロジックと格闘したい人のための読み物として
　　時間の余裕があれば、フリードマン（村井章子訳）『資本主義と自由』(2008、日経BPクラシックス)を読んでみよう。反論をしたくなる箇所は山のようにあるかもしれないが、大家が展開するロジックを果たしてあなたは論破できるだろうか？　第2章以下の勉強に入る前に一読することをお薦めする。第2章以下については簡略に文献を紹介しておく。

第2章

「価格は最高の戦略」であるといわれることがある。それほど商品販売に価格が果たす役割は大きい。日本経済新聞社編『値段でわかる日本経済』(2001、日経ビジネス人文庫)から経済の現場で息づく価格の機能を知ることができよう。もちろん販売に大事なことは価格だけではない。飽戸弘『売れ筋の法則』(1999、ちくま新書)はマーケティングと本書第2章とが重なる部分をとりあげている。

第3章

第3章のテーマは企業・コスト・利益だ。本書第3章と概ね同じ水準の入門書として淺羽茂『企業の経済学』(2008、日経文庫)をあげておく。学問的観点からみると小田切宏之『企業経済学（第2版）』(2010、東洋経済新報社)がより大部で水準の高いテキストである。

第4章

本書で紹介したゲーム論はごく一部分である。ゲーム論に興味をもった方には岡田章『ゲーム理論・入門』(2008、有斐閣アルマ)をあげておく。但し、ビジネスとの関係からみると、梶井厚志『戦略的思考の技術』(2002、中公新書)やディキシット・ネイルバフ（嶋津祐一・池村千秋訳）『戦略的思考をどう実践するか』(2010、阪急コミュニケーションズ)の方がより面白く感じるだろう。

第5章

ゲーム論は1930年代にチェンバレンを中心に花開いた産業組織論——企業経営を分析する経済学を根本的に構造改革した。とくに情報やリスク、不確実性を無視することのできない市場で新しいビジネスモデルを提案するときにはゲーム論的発想が求められる。この辺の話題に関するオーソドックスな入門書として藪下史郎『非対象情報の経済学』(2002、光文社新書)を推薦し

ておく。タイトルはいかめしいが、読んでみると21世紀の企業経営に関係するトピックスが満載であることがわかるだろう。経済学とは需要と供給のバランスをどうとるかを考える科学であるという単純な見方ではいけないこともわかるはずだ。

第6章
①産業構造分析の古典を理解するためには
　世界で初めて経済循環を表したフランス革命前のフランス人医師にして重農学派の経済学者ケネーについて学びたければ、ケネー（戸田正雄・増井健一訳）『経済表』（1961、岩波文庫）がある。本書は、大変薄く出版当時はパンフレット程度の大きさであったものの、歴史上初めてマクロ経済の視点に立って、一国の産業が経済的につながっている様子を浮き彫りにした経済学史上の金字塔である。
②産業連関表表（IO）の構造と産業連関分析手法を知るためには
　日本国内で学ぶものなら誰でも必ず手にして、その後もずっと手許においているスタンダード・テキストとして宮沢健一『産業連関分析入門（新版）』（2002、日経文庫）が有名である。サイズは新書版にもかかわらず、内容は大変深く広大である。これ1冊で産業連関分析をマスターできるが、内容が章を追う毎に大変進化するため理解するまでに難儀することも多い。しかしながら、1－3章は初心者への入門篇として最適といえる。

第7章
①産業連関表を直接入手するためには
総務省HPである以下にアクセスする。
　http://www.e-stat.go.jp/SG1/estat/GL02100104.do?tocd=00200603
　ここから、エクセルのワードベースで個人のPCに直接ダウンロードが可能であり、また政府公式統計であることから研究や分析に用いるにあたって著作権や使用権についてどのような制約もない。但し、シミュレーシ

ョン結果を公表する際には、必ずどの表を用いたか（作成年、部門数）を明記することが必要である。

②産業連関分析手法の最新理論と実際を知るためには

　日本で産業連関分析を志すものなら、必ず適する研究者として金子敬生氏の名前を知らないものはいないだろう。とくに1990年に出版された金子敬生『産業連関の経済分析』（1990、勁草書房）は、内容の高度さと緻密さで群を抜いている。但し、経済理論および数学にある程度自信がある大学院2年生レベルの知識がないと全体の理解は難しい。

第8章

①シュンペーター教授のイノベーション理論を知るためには

　何といってもシュンペーター教授の古典を読むことが一番であろう。それにはシュムペーター（塩野谷祐一・東畑精一・中山伊知郎 訳）『経済発展の理論（上・下）』（1983、岩波文庫）が最適である。本書では、経済成長と経済発展には違いがあること、新結合といわれるイノベーションは企業家自身の行動と決断にかかっていることが理解できる。まさに、イノベーション理論の古典的金字塔といえよう。

②ホンダ創業ケースを詳しく知るためには

　伝説ともいえるホンダの25年にわたる共同経営者（本田宗一郎・藤沢武夫）について、それぞれの自著から学ぶことが一番の王道である。すなわち、本田宗一郎『夢を力に』（2001、日経ビジネス人文庫）および藤沢武夫『経営に終わりはない』（1998、文春文庫）を薦めたい。その後、さらに関心があれば、中部博『定本　本田宗一郎伝』（2001、三樹書房）が最も詳細に本田宗一郎およびホンダ技研の歴史を理解できる。

③大学発ベンチャーをより深く知るためには

　大学発ベンチャーといっても、日本国内では2001年になってようやく、国立大学に設置が認められるようになった。それ以前、公務員である国立大学教員がビジネスに関わることは一切禁止されていた。そうしたなか

で、日本にもシリコンバレーにみられるような新たなテクノロジー・ベンチャーを生み出すため、2000年の規制緩和以降、1,800社にのぼる大学発ベンチャーが活動するようになった。その日本第1号の誕生について、瀬戸篤「大学発ベンチャー支援システムの研究Ⅰ・Ⅱ」『商学討究』（小樽商科大学）第52巻2・3合併号・4号（2001年12月・2002年3月）に詳しい。

執筆者紹介

西山　茂（第1部、第2部準備編）
小樽商科大学ビジネススクール（専門職大学院）教授。
1952年愛媛県出身、慶應義塾大学大学院経済学研究科博士課程中退。経済企画庁（現・内閣府）で経済白書作成、GDP統計推計等の業務に携わった後、大阪大学社会経済研究所助教授、小樽商科大学商学部助教授を経て現職。

瀬戸　篤（第2部）
小樽商科大学ビジネススクール（専門職大学院）教授。博士（農学）北海道大学。
1958年北海道出身、小樽商科大学商学部卒。北海道電力㈱で営業、留学派遣により国際大学大学院国際関係学研究科修士課程修了、同社総合研究所、兼務派遣により北海道大学大学院農学研究科博士後期課程修了。小樽商科大学商学部助教授を経て現職。

小樽商科大学ビジネススクール

（正式名称：小樽商科大学大学院商学研究科アントレプレナーシップ専攻）

　国立大学唯一の商学系単科大学である小樽商科大学が母体となり，2004年4月に創設された専門職大学院。MBA（経営管理修士）を取得できるプロフェッショナル・スクールとしては，東北・北海道圏で初めて認可され，2009年3月には大学基準協会より経営系専門職大学院認証評価を得た。

　ビジネススクールのコンセプトは，新規事業開発，組織変革，ベンチャー起業を含む広い意味での「事業創造力」を育成する点にある。カリキュラムでは，戦略・会計・財務・マーケティング・組織・人的資源管理といった幅広い経営管理の知識を身につけた上で，「ケース分析能力」と「ビジネスプラン作成能力」を高めることを重視している。
ホームページ：http://www.otaru-uc.ac.jp/master/bs/index.htm

《検印省略》

平成24年4月10日　初版発行　　　　略称―MBAエコノミクス

MBAのためのビジネスエコノミクス

編　者	©小樽商科大学ビジネススクール
発行者	中　島　治　久
発行所	同文舘出版株式会社

東京都千代田区神田神保町1-41　〒101-0051
電話 営業 (03) 3294-1801　編集(03)3294-1803
振替 00100-8-42935
http://www.dobunkan.co.jp

Printed in Japan 2012　　　　　製版　ダーツ
　　　　　　　　　　　　　　　印刷・製本　萩原印刷

ISBN 978-4-495-38061-8

本書とともに

"MBAのための"シリーズ

小樽商科大学ビジネススクール編

基本問題集
A5判　242頁
定価（2,500円＋税）
2009年11月発行

ケース分析（改訂版）
A5判　224頁
定価（2,300円＋税）
2010年4月発行

ビジネスプランニング（改訂版）
A5判　204頁
定価（2,300円＋税）
2012年1月発行

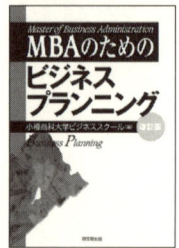

ビジネスプランニング手法
A5判　264頁
定価（2,500円＋税）
2010年9月発行

財務会計（改訂版）
A5判　228頁
定価（2,300円＋税）
2007年4月発行

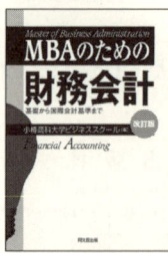

ERP
A5判　176頁
定価（2,300円＋税）
2007年7月発行

組織行動マネジメント
A5判　210頁
定価（2,300円＋税）
2009年7月発行